シリーズ

人間科学

1

◉

食べる

八十島安伸・中道正之 編

大阪大学出版会

シリーズ人間科学 巻頭言

「人間科学とは何ですか？」、「人間科学部は何を学ぶところですか？」

これらの疑問は、本書を手に取られた読者のみなさんも共通して持っているのかと思います。物理、化学、文学や経済学などの学問とは異なり、「人間科学」といっても、すぐにはイメージが湧かないのが実情でしょう。これらの疑問は、人間科学部が大阪大学に創設されてからの約五〇年にわたって常に投げかけられてきたものであり、また、日本国内で初めて「人間科学」の名前を持った学部に所属する私たち研究者が常に自問自答しているもの、そして、しなければならないものでもあります。

それだけ「人間科学」とは、簡単には捉えがたいものですが、私たちの人間科学部は、心理学、社会学、教育学を中心に、哲学、人類学、生理学、脳科学などの文系から理系までの幅広い学問分野が交じり合いながら、「人そのものと、人が営む社会」を明らかにしようとしています。文理融合や学際性の視点を大事にしながら、人々の暮らしの現場に寄り添い、課題を発見し、解決を目指すことも私たちの「人間科学」です。つまり、これだけの視野の広さと奥行きを大切にした教育と研究をしなければ、「人間科学」は成り立たないのです。既存の学問分野の考え方や方法論を用いるだけでなく、異なる研究分野の視点や研究方法に接し、適切に取り入れることで、「人間科学」が深まるのです。

私たち大阪大学人間科学部・大学院人間科学研究科の研究者はそれぞれの専門性を深めると同時に、他の学問分野の視座をも取り入れることで、人の心、身体、暮らし、社会、共生を探究しながら、それぞれが自らの「私の人間科学」を作り上げようとしています。「シリーズ人間科学」は、「人間科学は何ですか？」という疑問への現時点における私たちからの回答の一つです。

本シリーズに記された内容や知見は、私たちの本来の目標からみれば道半ばのものであります。したがって、現在までの成果を読者の皆さんにも知っていただきながら、今後の新たな融合や連携、発展のための踏み台となるもの、今後の「人間科学」を共に創造していくための土台作りが必要です。「シリーズ人間科学」はそんな土台作りの役割も担います。

「シリーズ人間科学」の第一巻のタイトルは『食べる』です。食べることは生きていくために不可欠なことです。しかしながら、食べることには、学びや社会的行為という重要な側面もあります。「食べる」を結節点として、異分野の研究者が一〇名集まり、それぞれの立場から投げ入れた原稿へ異分野からの見方やアイデアがさざ波を立て、その波紋が広がって形を変えていくように各章の原稿が生まれました。つまり、文理融合と学際性の塊としての原稿ができたと思います。それらを集めたものが「シリーズ人間科学」第一巻の本書です。「食べる」を多様な視点から見つめ、切り込む面白さ、思いもしない新たな気づきが、異なる次元や発想からの人間理解へとつながることを読者の皆さんにも実感していただけると思います。

第二巻以降でも、「老いる」、「助ける」、「争う」、「育つ・育てる」、「教える・学ぶ」、「感じる」、「遊ぶ」のように、人の「こころ」と「からだ」と「くらし」を表すタイトルを持つ続巻の刊行が予定されています。「シリーズ人間科学」のそれぞれの一冊が、さらに、それぞれの本の一章ずつが、「人間科学とは何ですか?」という問いへのヒントとなると思います。「シリーズ人間科学」を通して、読者の皆さんと私たちとの間の交流が刺激的で、創造的に発展することを願っています。

それでは、共に「人間科学」の扉を一緒に開き、新たな知へと飛び出して参りましょう。

大阪大学大学院人間科学研究科
「シリーズ人間科学」編集委員会

まえがき

人を知るにはどうすればいいのだろうか。人の何を知れば、より良く人を知ることができるのだろうか。日常生活でも、初めて会う人とは、最初はぎこちなくても、例えば、食事を共に摂ったりすると、急に打ち解けてくることがある。そのような人と人の関係性の変化や相互の理解はどのようにして生じるのだろうか。その場合、注目するべきは「共に食べる」である。人の進化を振り返ると、この「共に食べる」「共に分かち合う」ということが、極めて重要であったことがわかってきた。果たして、「食べる」ことには、他にどのような役割や機能、課題があるのだろうか。

本書は、シリーズ人間科学の第一巻として、大阪大学大学院人間科学研究科に所属したり、関わっているさまざまな学問領域の研究者が独自の学問の視点から、その「食べる」を中心テーマとした解説を行いながら、その学問への入り口を示すものである。そのため、「食べる」という同じテーマへのアプローチであっても、それぞれの研究者の目的、方法、考え方は非常に多様である。目次をみて欲しい。本書での「食べる」からみた人間科学が扱うテーマの幅広さに驚くであろう。第1部としては、「食べる」の発達や関連する行動・心理・生理機能が述べられ、第2部では、人と人との関わりの中における「食べる」の様相がさまざまな視点から解説され、また、語られる。そして、最後の第3部では、倫理や哲学からの「食べる」に関わる諸問題が論考される。編集者としてそれぞれの章を読む時、立ち止まって考えてみると、それぞれの内容の深さや面白さに驚いた。さらに、一見すると無関係のような学問分野から、根源的には同じような問いや論考が生じていることに気づく。「食べる」とは、まさに、人が生きる中で、基本中の基本でありながらも、まだまだ未解明の領域や課題が多く、さらに他の行動や社会・文化においても新しい見方や考え方を提供できる研究対象であるとわかる。読者には、その読後感を自ら感じ取ってもらえれば本書の目的はほぼ達成されたと言えるだろう。

本シリーズ第一巻『食べる』では、人や人の社会を知るためのヒントやきっかけとなる「食べる」からの論考をまとめることができた。一人でも多くの読者が、本書から得た知識や学びを、あたかも三段跳びのホップのように使うことで、ステップ、ジャンプしながら、独自のベクトルを持つ人間科学を発展させることを期待したい。

最後に、本シリーズ編集委員会委員の方々には、企画立案・校正などの全ての面で大変にお世話になりました。また、企画・内容への貴重なご意見や原稿の校正段階で繰り返しご助言をくださった大阪大学出版会の編集者の川上展代さんと板東詩おりさんにも深く感謝申し上げます。

責任編集者　八十島安伸・中道正之

目次

第1部

「食べる」を通じて学ぶ

第1章　食を通した心の発達

清水（加藤）真由子

1　はじめに

子ども時代が長く、ゆっくりと進むのは、私たち人間の大きな特徴の一つである。子ども達は周りの大人や友達とのやり取りを通して、大人になってから複雑な社会の中でうまく生きていく力を身に付けていく。子どもは何をするにおいても初心者である。だから、失敗も許される。そんな自由な状況の中で、子ども達はのびのびと色んなことに挑戦し、失敗しながら、新たな力を身につけていく。

本章では生涯発達の前半における「食べる」行動や食べ物にまつわるやり取りを通してみえてくる、心の発達について考えてみたい。食べることは生きることである。食べることはもちろん身体の発達には不可欠だが、それだけではない。心の発達にも深く関わっている。誕生からその生涯を終えるまで、発達の段階に合った食の経験を積むことによって、心身ともに健康で豊かな生活につながっていく。

本章では母乳や人工乳を与えられる時期を授乳期、離乳食が始まってから大人と同じ食べ物を食べられるようになるまでの練習準備期間を離乳期、二歳から八歳までを幼児期・児童期前期とし、それぞれの時期ごとの食にまつわる子どもの発達を紹介していきたい。

2　授乳期

赤ちゃんが産まれ、母親から胎盤が娩出されると母乳を分泌させるプロラクチンやオキシトシンというホルモンが分泌され、母乳の分泌が始まる。産まれたばかりの赤ちゃんは自力で動くことはできず、自分の向きたい方に頭を動かすこともできない。しかし、出産後すぐから、母親の乳首を探して口に加え、力強く吸うことができる。近年多くの産院でカンガルーケアが取り入れられている。カンガルーケアとは出産後すぐに赤ちゃんを母親の素肌の胸で抱っこすることをいう。その様子がお腹の袋の中で赤ちゃんを育てるカンガルーに似ているのでカンガルーケアと呼ばれている。産まれて間もない赤ちゃんは体温調整や呼吸機能が未熟なためカンガルーケアは適切な環境でなされる必要はあるが、出産直後に肌と肌で直接触れ合う経験がその後の母親と赤ちゃんとの愛情の形成に効果があると言われている。

このように産まれたばかりの赤ちゃんが母親の裸の胸に抱かれると、乳首を口に加えて力強く吸うことができる。図1-1は生後一時間の赤ちゃんが母親の胸に抱かれている様子である。まだ弱々しいながらも、自分で母親の乳首を探し当て、乳首に必死で吸い付いている。これは哺乳類の赤ちゃんが備えている哺乳反射のおかげである。哺乳反射には口の周りで触れたものを口に含む口唇探索反射、口や唇に触れたものを吸う吸啜《きゅうてつ》反射、口の中のものを飲みこむ嚥下反射がある（第2章参照）。誕生から生後一ヵ月までの新生児期の口唇探索反射は、自分の身体ではないものに強く表れることがわかっている。[7] つまり自分の手が頬に当たった時よりも、母親の乳首が頬に触れた時の方がより強く口唇探索反射が表れる。これは新生児が自分の身体以外のものが自分の身体に触れたことを感じるシングルタッチと自分の身体の異なる部位が触れ合ったことを感じるダブルタッチという二つの皮膚感覚の違いを感じ取

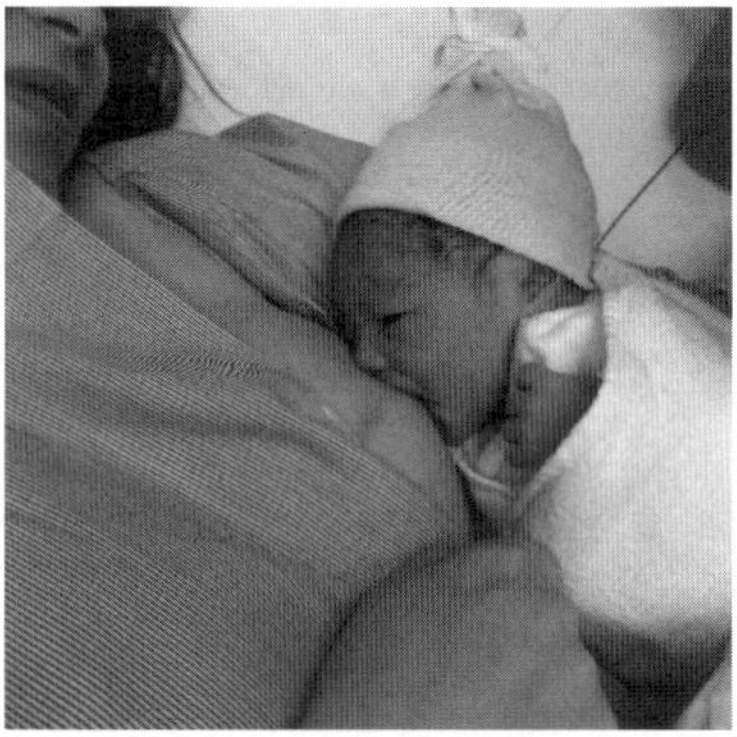

図1-1　生後1時間の赤ちゃんが母親の胸に抱かれ、乳首を加えて吸っている様子

これは、赤ちゃんが備えている哺乳反射のおかげである。

っているからである。この傾向は生後一ヵ月を過ぎると弱まってくるが、産まれて間もない時期に自分の身体以外のものへの口唇探索反射が強く現れるのは、赤ちゃんが持って産まれた生きる術の一つだと言える。

赤ちゃんが産まれて一、二日目から数日の間に分泌される母乳は初乳と呼ばれる。初乳は黄色に近い濃い色をしており、赤ちゃんを感染から予防する多くの免疫物質が含まれている。生後数日から数週間は授乳のリズムは安定しないが、生後二ヵ月を過ぎる頃になると徐々に授乳のリズムがついてきて、二、三時間に一回のペースで母乳や人工乳で授乳が行われるようになる。これは昼夜を問わないので、世話をする側にとっては大仕事である。一日のうちの何時間も授乳に費やすことになる。

授乳をする時の赤ちゃんの抱き方には、赤ちゃんと大人の腹部が密着する横抱きや脇の下で赤ちゃんを抱える脇抱きなどいろんな抱き方がある。いずれの抱き方にも共通しているのが、授乳をする大人が赤ちゃんを胸の前で抱き、両者が顔を見合わせた姿勢をとることである。抱かれた赤ちゃんは抱いている人の胸から心臓の音を聞く。この心音が赤ちゃんにとっては心地よい刺激となる。一分間に七二回という平静時の心拍数に近い音刺激を聞いた新生児は、音刺激を聞かなかった新生児よりも体重が増加して泣くことが少なかったのである(8)。胸の前で抱かれながら授乳される赤ちゃんは、胎内にいた時から聞いていた心音を聞きながら安心感を得ることができる。

また顔と顔を見合わせた姿勢をとることで、大人は赤ちゃんを見つめ、語りかけ微笑みかけながら授乳するだろう。赤ちゃんは、大人と比べると視力はよくないが、産まれた時から目が見えている。生後三ヵ月頃までは二〇～三〇センチのところに焦点が合った状態にある。この距離は赤ちゃんが大人の腕に抱かれた時の、大人の顔と赤ちゃんの顔までの距離とほぼ等しい。赤ちゃんも自分に授乳している大人の顔をじっと見つめ返しているのである。授乳の時間を通して、赤ちゃんは大人のぬくもりを肌で感じ、やさしく語りかける声や笑顔を感じながら、安心感や信頼感を築いていく。自分が大切に守られている、求めればいつでも受け入れてもらえると感じることが、その後の発達の中で子どもの探索の力となる。授乳期に築いた安心感や信頼感を基礎として、子どもは新しいものや人と触れ、学び、世界を広げていくのである。

3　離乳期

離乳食は、首がすわってお座りの姿勢ができるようになる、哺乳反射が弱くなる、そして食べ物への興味が出てきた頃が開始の目安となる。生後五、六ヵ月頃になると、子どもは大人が食事をしている様子をじっと見つめたり、自分の口も動かしたり、食べ物を見てよだれを出すことがある。そのような行動が出てきたら食べ物への興味が出てきたサインである。最初はアレル

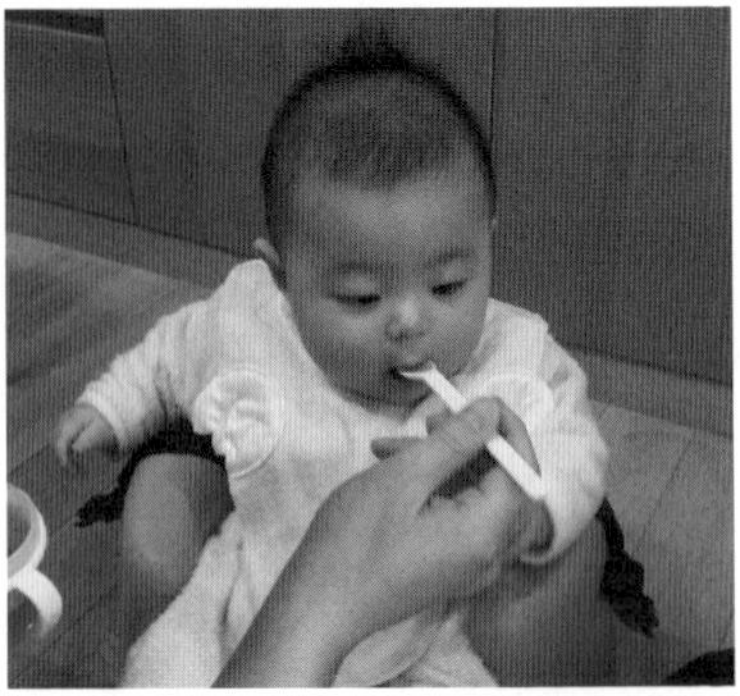

図1-2　5ヵ月児が初めての離乳食を食べる時の様子

食べ物や養育者の手へとしっかりと顔や視線を向けようとしていることがわかる。

ギーの心配の少ないおかゆのうわずみなどを一さじずつ与える。図1-2は五ヵ月児が初めて離乳食を食べている様子である。母乳以外の食べ物を初めて口にした瞬間である。離乳を開始して最初の約一ヵ月間、離乳食は一日一回である。子どもの飲み込む様子や便の状態を見ながら、つぶしがゆ、すりつぶした野菜や果物、豆腐、乳製品や白身魚などを徐々に取り入れていく。

離乳の開始後一ヵ月を過ぎると、離乳食は一日二回になる。食材には肉類や海藻などの乾物類、きのこ類も取り入れる。この頃は調味料はあまり使わず、食材そのものの味を覚えていく練習をする。生後七、八ヵ月頃はまだ歯が生えていないので、食べ物を舌で上あごに押し付けてつぶせる固さに調理する。色んな食材を食べることで、子どもはそれぞれの舌触りや匂い、味に少しずつ慣れていく。

生後九ヵ月頃になると、離乳食は一日三回になる。この頃になると乳歯が生え始める。一般的に、乳歯の萌出は下の前歯が生後八ヵ月頃から、上の前歯が生後一〇ヵ月頃から始まる。前歯が八本生え揃うのが一歳前後であり、この頃になると前歯で食べ物をかじりとって、まだ歯が生えていない奥の歯ぐきでつぶして食べることができるようになる。このような咀嚼機能が発達してくると、これまでより固い物が食べられるようになってくる。

また、この頃は手の動きでも発達がみられる時期である。八、九ヵ月頃になると、興味のあるものが目に入れば腕を伸ばして手でつかもうとする、目と手の協応運動が発達してくる。一歳を過ぎると指先はより器用になって、親指と人差し指の指先でものをはさみ、つまむ動作もできるようになってくる。この時期、手の動きの発達に合わせて、子ども自身が自分の手を使って食べる、手づかみ食べの重要性が指摘されている。九〜一一ヵ月時に食べ物を手づかみで持ち口まで持っていく行動が多い子どもは、一四ヵ月の時に自分自身で食べる割合が高くなることが報告されている。[9] 食べ物を直接手でつかむことによって、食べ物の固さや温かさを知り、食べ物への興味が増してくる。また、養育者が食べさせるのではなく子ども自身が自分で食べることで、自分で食べようとする意欲が育ってくる。一歳前後の子どもはまだ手でつかんだものを口まで運んで取り込むという一連の動きが洗練されていないので、食べ物を落としたりこぼしたりすることも多い。後片付けのことを考えると手づかみ食べは敬遠されてしまうかもしれない。しかし、子どもの食べ物への興味、食の自立を促す上では大切な関わりだと言えるだろう。図1-3は一八ヵ月児がいちご狩りを行っている様子である。赤く実ったいちごを手でつかみ、その感触やにおいに興味を持っているのがわかる。

離乳期の食の発達をみてみると、大人がいかに慎重にきめ細やかに子どもに食べ物を与えているのかがわかる。口の機能や歯の生え方、手の動き、子どもの意欲をみながら、食べさせる食材や調理法、食べさせ方を変化させている。これは私たち人間に特異であると言える。第2章で詳しく述べられているが、ニホンザルやゴリラといった他の霊長類では、子育てにおいて私たち人間と共通するところが多くみられる。子どもを胸に抱いて授乳するニホンザルの姿は、私たち人間ととても似ている。しかし、離乳期の食べ物の与え方は私たち人間と人間以外の霊長類とで大きく異なる。母ザルや母ゴリラは自分が持っている食べ物を子どもが取っていくのを許すことはあっても、自ら積極的に子ども向けの食べ物を与えたり、食べ方を教えたりすることはほとんどないようである。食をめぐる子どもへの関わりの種間比較を通して、私たち人間がいかに他者と関わりながら食べているのかがわかるだろう。人間の子どもは離乳期になると養育者に食べさせてもらいながら、誰かと一緒に食べる経験を積んでいくのである。

図1-3　食べ物（いちご）への興味・関心を示す18ヵ月児の様子

いちごの色やにおいに興味を持って見つめ、そして、それを手で触れて感触を確かめているようである。

4 幼児期・児童期前期

一歳半を過ぎる頃になると、ほとんど大人と同じものが食べられるようになってくる。食べられるものが増えてくるのと同時に、増加するのが偏食、食べ物の好き嫌いである。偏食が起きる理由はいくつかあるだろうが、その一つは身近な家族の好き嫌いに影響されることが考えられる。子どもは家族、特に養育者がどのように食べるのかをよく観察している。養育者がおいしそうに食べているものは喜んで食べてみるだろうし、まずそうにしているものは手を出そうとしないだろう。これは子どもの社会的参照能力が影響している。社会的参照能力とは不確かな状況で何か判断をする際に、信頼している他者、多くは養育者の表情や反応を手掛かりにして、どのように振る舞うかを決める能力のことを言う。一歳前後になると、子どもは初めて接するものや人と出会うと、養育者の様子を参照する。例えば子どもがこれまで見たことのない虫を見つけて、その時に母親がおびえる表情をしていたら、子どもは「きっとこの虫はおそろしい存在なのだろう」と考え、手を伸ばすことはない。これは食べる場面においても同じである。母親がまずそうに顔をしかめているものは「きっとおいしくないのだろう」と考え、進んで食べることはないだろう。反対もまた然りである。子どもの偏食は養育者の好き嫌いに多分に影響されると言える。

食べ物の好き嫌いに関してはもう一つ面白いことがわかっている。子どもは一八ヵ月頃から、自分と他者とでは好きな食べ物と嫌いな食べ物が違うという好みの違いを理解するようになる。これはブロッコリー実験によって調べられている[6]。まず子どもの前にお皿を二つ置く。一つには生のブロッコリーが、もう一つにはクラッカーが入っている。もちろんほとんどの子どもにとって生のブロッコリーよりクラッカーの方が魅力的である。子どもの前で大人がそれぞれのお皿から食べ物を取ってかじり、「うーん！ ブロッコリーおいしい！」や「うえ！ クラッカー、まずい！」と演じてみせる。子どもは自分の好みとは違うので驚いた表情でその様子を見つめる。その後、大人が「もう一つちょうだい」といって子どもに手を差し出す。子どもがどちらの食べ物を差し出すのかを観察すると、一八ヵ月児は生のブロッコリーを手渡すのである。自分はブロッコリーよりクラッカーの方が好きだけれど、相手はそうではないと、自分と他者の好みを区別していることがわかる。子どもは家族やきょうだい、友達など多くの人と一緒に食卓を囲む経験を通して、周りの人が何をどのように食べているのかをよく観察している。そして徐々に食べ方や食の好みへの理解を深めていく。注意するべきは、これらの社会的なつながりから学びとったことが原因となって生じる好き嫌いや偏食もあれば、味覚嫌悪条件づけ（第2・3章を参照）のように動物としての人間が持っている学習メカニズムによって生じる味への好き嫌いや偏食もあることである。そして、後者の好き嫌いは、第3章でも述べられているように、長く続き、無くすことはかなり難しい。

同じくこの時期以降にみられるようになるのが、食べ物を分け合う行動である。私たちは大人になるとごく自然に食べ物を他者と分け合う。授乳期、離乳期で説明してきた通り、養育者は子どものために昼夜を問わず授乳し、離乳食が食べられるようになれば子どもの成長に合わせた食事を準備して食べさせる。また家族以外の相手とも食べ物を分け合う。田舎から季節の食べ物がたくさん届けば友達やご近所におすそ分けすることもあるだろう。著者が通っていた小学校では米一握り運動と呼ばれる活動があった。一握り量の米を各自が持ち寄り、開発途上国の方々に送るのである。小学生の時は先生に言われるがまま参加していたが、大人になった今この活動を思い返すと、会うことのない相手にも食べ物を分け、支えていたことに気が付く。私たち人間では自然にみられる食べ物を分け合う行動は、他の動物種ではあまりみられない。人間に近縁の霊長類の中でも、食べ物を分け合うことはとても少ない。この食べ物を分け合うことの重要性が人類学の視点から指摘されている。人類の長い歴史の中で、食べ物を分け合う必要性があったからこそ、婚姻の形式がうまれ、伝統的な人間の文化の中でものを分け合うという行動がみられるようになったのではないかと考えられている[2]。食べ物を家族と、友達と、さらには大きな集団の中で互いに分け合えることが、私たち人間の協力的な社会を形作る一因となったのかもしれない。

では食べ物を分け合う行動はどのように発達するのだろうか。まずは食べ物に限らず、何かを分け合う行動の発達についてみてみよう。一歳を過ぎた頃から、子ども達は「分けてあげなさい」と親に促されると、食べ物やおもちゃを分けるようになる。ただ大人から促されないと分け合う行動はなかなかみられない。本当は分けたくないけれど、大人から言われてしぶしぶ分けているのが、子ども達の本音かもしれない。就学前の段階になっても、自ら進んで、自発的に分け合う行動はあまりみられない。筆者が保育園で子ども達のおもちゃの分け合い行動について観察していた際も、一時間に一回みられるかどうかの低頻度の行動で、データを集めるのに苦労した記憶がある。分け合うものが子どもにとってより魅力的なもの、例えば大好きなおやつだと、なおさら分け合うのは難しくなる。ある研究によれば、三歳から五歳の子ども達に対して、一人にはチョコレートやクラッカーを一〇個、もう一人には一個だけ渡すとどのように振舞うかが観察されている[1]。多く渡された子どもは、一〇個中たった一個だけしか相手に分け与えないのである。

同じようなことは子ども達の日常生活でも当てはまる。筆者の家の三歳と一歳になる二人の子ども達もおやつをめぐって、よく取り合いをする。「二人ではんぶんこして食べなさい」とおやつの入った袋を渡しても、なかなか分けることができない。大概は上の子が主導権を握って分けるのだが、下の子がおとなしくしているとあまり分けず、下の子が強く主張するとしぶしぶ分けているようにみえる。図1-4の左の写真は、上の子のお皿にはおせんべいが三枚、下の子のお皿にはおせんべいが一枚入っており、おせんべいが三枚入ったお皿の引っ張り合いになっている様子である。四枚のおせんべいを渡すと、上の子が自分の方に多く分けたので下の子が抵抗しているのだ。その後、図1-4の右の写真のように、下の子の「ちょうだい」のジェス

図1-4　お菓子の取り合いと「はんぶんこ」による分け合い
左の写真は3枚のおせんべいをのせた皿を上の子と下の子が引っ張り、取り合っている様子。右の写真は、下の子の「ちょうだい」のジェスチャーによって上の子が1枚くれたことで、分け合うことができた時の様子。

チャー（手のひらを上に向ける）を受けて、ようやく上の子がもう一枚おせんべいを下の子に渡して二枚ずつ、はんぶんこしている。写真のように子ども同士で取り合いを解決することもあるが、お互い一歩も引かず親が仲裁に入って分け合うことも往々にしてある。食べ物を相手と分け合うためには、自分の価値ある分け前が減ってしまう。そういった意味で、食べ物を分け合うことは子どもにとって試練だと言える。

食べ物を分け合う行動がいつからみられるのか、その初発の時期を調べる研究では、子どもにとって食べ物を分け合うことの難しさをかんがみてコストがかからない方法をとっている[3]。子どもにはおかしの分け合い方について二つの選択肢のうちどちらか一方を選んでもらう。一方の選択肢では自分も一個、相手も一個おかしがもらえる。もう一方の選択肢では自分は一個もらえるのだが、相手はもらえない。つまり、子どもはどちらの選択肢を選んだとしても、おかしを一個もらえる。子どもにとってコストがかからない方法で、食べ物を相手と一個ずつ分けるのか、それとも自分だけがもらうのかを調べることができる。結果をみてみると、二五ヵ月児は相手の要求が明らかな場合には、自分も相手も一個ずつという選択肢を選びやすかったのに対して、一八ヵ月児ではどちらかの選択肢に偏った判断はみられなかった。一歳半から二歳にかけての約半年の間に、自分のためだけでなく相手のためを思って、食べ物を分け合う行動が発達することがわかる。

同様の課題をチンパンジーに対して行うと、チンパンジーはどちらかの選択肢に偏った判断をしない(5)。たとえ自分にはコストがかからなかったとしても、相手にも食べ物が渡るようにといった、相手を思いやった分け方はチンパンジーではみられないのである。この違いは相手を思いやる気持ちが人間とチンパンジーとで異なるために生じるのだろう。私たち人間にのみ発達のごく初期から、困っていたり、何かを欲しがっていたりする相手がいれば、相手に思いやりを持って、助け分け合う傾向が備わっているのかもしれない。ただ、ここで調べられている分け合う行動は、相手と分け合ったからといって自分がもらえるおかしの量が減ることはない。低年齢の子どもでみられる分け合う行動は、子どもにとってコストがかからない行動に限られる。

もう一度人間の子どもの食べ物を分け合う研究に戻ろう。子どもにコストがかからない状況での食べ物の分け合い方については、より広い年齢層にまたがって調べられている(4)。三歳から八歳の子ども達に、先ほどと同様、自分も相手もおかしを一個ずつもらうのか、それとも自分だけがもらうのか、どちらかを選んでもらう。三歳から六歳では自分も相手もおかしを一個ずつという判断が六割程みられ、七歳から八歳になると、その判断が八割程となる。自分も相手も一個ずつ分け合う傾向が年齢とともに強くなってくるのである。発達初期からみられた、相手のためを思って分け合う傾向は、幼児期、児童期を通して強くなることがわかる。

さらに二つの課題を行うことで、子ども達の食べ物の分け合い方について興味深い点を明らかにしている。二つ目の課題では、自分も相手もおかしを一個ずつもらうのか、それとも相手は二個つまり自分よりも一個多くもらうのか、どちらかを選んでもらう。ここで注目すべきなのは、どちらを選んだとしても子ども自身がもらえるおかしの数は一個であり、自分の分け前には影響しないということである。もし子ども達が相手だけ多くもらうことを妬まずに、自分と相手、二人がもらえるおかしの数を最大にしようと考えるのならば、二人合わせて三個のおかしをもらうことができる、自分は一個で相手は二個という選択肢を選ぶはずである。反対に、相手だけが自分より多くもらうことを妬む気持ちが強ければ、もしくは平等に分けるべきだという気持ちが強いのであれば、自分も相手も一個ずつという選択肢を選ぶはずである。結果をみてみると、一つ目の課題と同様、三歳から六歳では平等な分け合い方、つまり、自分も相手も一個ずつを選ぶ割合が半数ほどでみられ、七歳から八歳になると八割ほどとなる。年齢が上がるにつれて、子どもは自分の分け前は同じであっても、相手だけが得をするのが許せなくなってくるのである。一つ目の課題でみられたような、他者のためを思って分け合う傾向が年齢とともに強くなってくることと矛盾するように思えるかもしれない。しかし、この二つの課題の結果に共通しているのは、自分が有利であっても、自分が不利であっても、自分と相手のどちらかだけが多くおかしをもらうのは許せないという、不平等を避ける傾向が強く影響しているということである。平等に分けるべきだという平等性の理解が、年齢が上がるにつれて子ども達の食べ物の分け合い方に強く反映するようになってくる。

三つ目の課題からも、平等性の理解が子どものおかしの分け合い方により強く影響するようになることがうかがい知れる。自分も相手もおかしを一個ずつもらうのか、それとも自分だけがおかしを二個もらうのか、どちらかを選んでもらうのである。この課題は、これまでの課題とは大きく異なる点がある。それは自分も相手も一個ずつという分け合い方を選ぶためには、子どもにとってコストがかかるということである。二個のおかしをはんぶんこできるか、それとも二個とも独り占めするか、子どもの判断が試されるのである。結果をみてみると、三歳から四歳の子ども達だとはんぶんこする選択は一割にも満たず、五歳から六歳になっても二割程度である。低年齢の子どもにとって、魅力的なおかしが並べられたら、はんぶんこせずに独り占めしたい誘惑には抗えないのだろう。しかし、相手とはんぶんこする判断は年齢が上がるにつれて増えてくる。七歳から八歳になると、自分も相手も一個ずつという判断が半数ほどになってくる。独り占めしたいという気持ちよりも、相手と平等に分け合おうとする気持ちが強くなってくるのだろう。

さらに、きょうだいの効果も調べられている。きょうだいがいる子どもと比べると一人っ子の方が、独り占めするより自分も相手も一個ずつ分け合いやすい。一人っ子はたとえ自分の分け前が減ったとしても、相手とはんぶんこすることが多いのである。きょうだいがいると日常的に限られたおかしの数を巡って取り合いになるところが、一人っ子は誰かと取り合う必要はない。そういった意味で、きょうだいがいる子どもは食べ物の分け合いに関してよりシビアに、反対に一人っ子は太っ腹な判断をするようになるのかもしれない。さらに、きょうだいがいる子どもの中でも、出生順によって判断が異なる。きょうだいの中で一番下の子ども（弟や妹）は、自分よりも下にきょうだいがいる子ども（兄や姉）よりも、はんぶんこすることが少ない。きょうだいの上の子と下の子とでは能力レベルに差があるので、食べ物を分けるのはどうしても上の子が主導権を握ることが多くなる。もし上の子が不平等な分け方をしたら、下の子はすぐさま抗議するだろう。先述した筆者の家の子ども達のおかしを取り合う様子を思い出してほしい。上の子が不平等な分け方をしたら、下の子はすかさず上の子のおかしが入ったお皿を引っ張っている。きょうだい間で日常的におかしを取り合う中で、下の子は少しでも多くの食べ物をつかみとろうと考えるようになるのかもしれない。

総じて、三つの課題を通して考えてみると、相手のことを思って食べ物を分け合おうとする傾向、そして平等に分けようとする傾向が幼児期、児童期前期を通して強くなってくる。そして七歳から八歳頃になると、たとえ自分の分け前が減ってしまったとしても平等に分け合おうとする行動が発達してくることがわかる。このように平等性の理解は食べ物をめぐるやり取りの中で顕著にみられるようになってくるのである。家族や友達と一緒に食べることを楽しむ中で、食べ物を分け合うことも増えてくる。誰かと食べ物を分け合う経験が、子どもの平等性の理解に役立っているのかもしれない。

5　終わりに

発達初期は養育者からの授乳の経験を通して、周りの人への安心感や信頼感を築く。生後半年が過ぎて離乳食が始まると、子どもは養育者からいろんな食材を食べさせてもらう経験を通して、食べ物への興味や関心を持つようになる。最初は一方的に食べさせてもらうだけだったのが、徐々に子ども自身が食べ物に直接触れて口に運ぶことで、食べようとする意欲や自立心が育ってくる。そして大人と同じものが食べられるようになってくると、さらに家族や友達と一緒に食べる経験が増えてくる。誰かと一緒に食べる経験を通して、周りの人の食の好みや食べ方に注意を向けるようになる。そのような中で、他者の好みに合わせて自分の好みを形成したり、自分と他者がいつでも同じではないという自他の区別に関する理解が進んでいく。また食べ物を家族や友達と分け合い、一緒に食べることを楽しむようになってくる。食べ物を分け合う経験によって、他者を思いやる心や平等性の理解が育まれていくのである。

授乳期、離乳期、幼児期・児童期前期という発達の前半部分において食にまつわるやり取りをみてみると、子ども達は食べることを通して他者と関わっていることがわかる。そして子ども達は食べることによって身体だけでなく心を発達させていく様子がわかる。食べることは生きるために必要最低限な行動であると同時に、発達の段階に合わせた食の経験を積むことによって、私たちの生活は楽しく、より豊かなものになると言えるだろう。

引用文献

（1）Birch, L. L., Billman, J.（1986）. Preschool children's food sharing with friends and acquaintances. *Child Development*, 57, 387–395.

（2）Boehm, C.（1999）. *Hierarchy in the forest*. Cambridge, MA: Harvard University Press.

（3）Brownell, C. A., Svetlova, M., Nichols, S.（2009）. To share or not to share: When do toddlers respond to another's needs? *Infancy*, 14, 117–130.

（4）Fehr, E., Bernhard, H., Rockenbach, B.（2008）. Egalitarianism in young children. *Nature*, 454, 1079–1083.

（5）Jensen, K., Hare, B., Call, J., Tomasello, M.（2006）. What's in it for me? Self-regard precludes altruism and spite in chimpanzees. *Proceedings of the Royal Society*, 273, 1013–1021.

（6）Repacholi, B. M., Gopnik, A.（1997）. Early reasoning about desires: Evidence from 14-and 18-month-olds. *Developmental Psychology*, 33, 12–21.

（7）Rochat, P., Hespos, S. J.（1997）. Differential rooting response by neonates: Evidence for an early sense of self. *Early Development and Parenting*, 6, 105–112.
（8）Salk, L.（1962）. Mothers' heartbeat as an imprinting stimulus. *Transactions of the New York Academy of Sciences*, 24, 753–763.
（9）志澤美保・志澤康弘（二〇〇九）．離乳期における子どもの食行動の発達と母親の食事介助の影響．『小児保健研究』六八、六一四–六二一

参考図書

• ナンシー・アイゼンバーグ（一九九五）（二宮克美・首藤敏元・宗方比佐子共訳）『思いやりのある子どもたち――向社会的行動の発達心理』 北大路書房

本章で紹介した食べ物を分け合う行動は、他者を助けようとする「向社会的行動」に含まれる。向社会的行動がどのように発達するのか、その発達にはどのような要因が影響するのかがわかりやすく説明されている。

• マイケル・トマセロ（二〇一三）（橋彌和秀訳）『ヒトはなぜ協力するのか』 勁草書房

私たちの社会を特徴づける協力・援助・共感の発達と進化について、ヒト以外の動物との比較を通して論じられている。他の研究者からのコメントでは著者の理論への反論もあり、本のテーマに関する研究者たちの議論を垣間見ることができる。

• 佐々木正美（一九九八）『子どもへのまなざし』 福音館書店

著者の児童精神科医としての長い経験に基づき、乳幼児期の育児の大切さについて優しい語り口でまとめられている。子どもやその家族についてだけでなく、子どもをとりまく社会についても考えさせられる一冊である。

第2章　サルは共に食べて社会を学ぶ

中道　正之

1　はじめに

　ニホンザルのようなサル類とゴリラやチンパンジーの類人猿、そしてヒトを含めた動物の総称である霊長類の赤ん坊は、瞼が開き、目がみえる状態で生まれるが、自分で歩くことはできない。しかし、手のひらや足裏に物が触れると自動的に指で物を握りしめる把握反射を誕生時から持っている。しかもその把握力は自分の体重を支えるのに十分な強さがあり、誕生直後から自分の力だけで母の胸にしがみつくことができる。そして、他の哺乳類の赤ん坊と同じように、霊長類の赤ん坊も、母の乳首を口唇や頬で突起物、すなわち乳首を探して口に含むという口唇探索反射を備えて誕生する。だから、霊長類の赤ん坊は自分で乳首を探し、母乳を飲むこ

図2-1　生後2日目のニホンザルの赤ん坊が母ザルの乳首を含みながら眠っている。手足は母ザルの腹部をつかんでいる。

ともできる（図2-1、ヒトの乳児については、第1章を参照のこと）。

このように霊長類の赤ん坊は、発達初期の唯一の栄養源である母乳を自分の力で探し、飲む力を持って生まれてくる。そして、成長とともに、母乳以外の食物も口に入れ始め、母乳への依存が少しずつ少なくなる。母乳を全く飲まなくなった時、すなわち離乳が完了した時には、オトナが普通に食べている食物とほとんど同じものを、コドモも食べることができるようになっている。

それでは、サルのコドモは成長に伴って母乳摂取を自然に終了できるようになるのだろうか。さらに、コドモはどのようにしてオトナと同じものを食べるようになるのだろうか。社会の中での日々の暮らしを通して、コドモは食べられる食物と、場合によってはその食べ方をオトナから学んでいる。だから、食べるということは社会的な学びであると言い換えることもできるだろう。

本章では、ニホンザルを中心に、霊長類の授乳や離乳のプロセス、そして食物の選択や食べ方について紹介する。その目的は、私たちヒトと同じように、進化の隣人であるサルにとっても「食べる」ことが彼らの豊かな社会性や知性と深く関連していることを、さらに、サルを知ることがヒトを知ることにつながるということを理解していただくことである。

2　ニホンザルの母子間でみられる乳首の攻防

ニホンザルは春から初夏が出産期で、季節繁殖性の霊長類である。赤ん坊は翌年の出産期には、つまり一歳になる頃には、母乳を飲まなくても、自分で採食し、栄養を摂取して、生きることが可能になる。それでも、二歳近くまで、中には三歳近くまで母ザルの乳首を吸っている子ザルもいる（図2-2）。だから、一歳を過ぎた子ザルたちにとって母ザルの乳首を含むことは、「心のおやつ」と表現できると思う。

図2-2　3歳1ヵ月の子ザルが母ザルの乳首を吸っている。3歳での授乳はとても珍しい。母ザルは6歳で経験した初産の時に、この子ザルを出産した。

　オトナ同士のケンカに驚いて避難する先は母ザルのふところであり、他の子ザルとの遊びから戻った時に入るところも母ザルのふところである。そのふところには、乳首が並んでおり、赤ん坊の頃と同じようにその乳首を含むことで、子ザルは安心感を得ている。つまり、自然の食物を食べるだけで十分な栄養摂取ができるようになってからも、母ザルへの心理的な依存は継続する。そのような心理状態を最も端的に表すのが、子ザルが母乳を求める行動である。だから、一歳を過ぎてからの子ザルが母ザルの乳首を口に含むことや母乳を飲むことを「心のおやつ」と表現できるのである(8)。

一歳に近づいた子ザルたちは、いつも自由に母ザルの乳首に接触して、授乳してもらえるとは限らない。母ザルからの拒否もある。母ザルに近づいてそばに座り、母ザルの乳首に手を伸ばし、触るのを許してもらえれば、次に口を近づける、というように、母ザルの反応をみながら、子ザルは乳首接触を試みていく（図2-3）。子ザルと母ザルが乳首を介して駆け引きを、あ

図2-3　1歳2ヵ月の子ザルが11歳の母ザルの乳首に手を伸ばして触ろうとしている。乳首に触ることを許してもらった後、子ザルは乳首を口に含んだ。

図2-4　赤ん坊が誕生して兄になった1歳の子ザルが母ザルの乳首を口に含んでいる。赤ん坊も母ザルも眠っている時に、兄が静かに、ゆっくりと母ザルの乳首を口に含むことを試み、成功した。しかし、約10秒後に、母ザルが身体を少し動かしただけで、兄は乳首を離した。1歳の兄の顎の下に赤ん坊の顔がみえる。

るいは社会交渉をしていると言ってもいい場面である。

ニホンザルのメスは二〇歳過ぎくらいまで出産可能で、二六歳がこれまでの最高齢出産の記録である。一、三年に一度の頻度で出産するが、栄養状態が良ければ二年続けての連続出産も可能である。母ザルが二年連続の出産をすると、一歳で兄や姉となった子ザルは、母ザルの乳首を含むことを許してもらえない。だから、次の赤ん坊がいつ生まれるのかということは、いつまで母ザルが授乳するのかを決める大変大事な要因となる。それでも、多くの子ザルは二回目の冬を迎える頃、つまり、一歳後半を過ぎる頃には完全に離乳する。

それでは、弟妹が生まれたら、一歳の子ザルは母ザルの乳首をすぐにあきらめることができるのだろうか。二歳まで授乳してもらっていた子ザルではどうだろうか。弟や妹が誕生すると一、二歳の兄や姉は母ザルからの独立が加速すると言われているが、中には、弟妹が誕生しても母ザルの乳首をあきらめきれないで、乳首への接触を依然として求めようとする一歳や二歳の子ザルがいることがわかっている。母ザルが赤ん坊を抱いて寝ている時、あるいは、赤ん坊が母ザルから離れている時、一歳や二歳の兄姉が目を閉じて眠っている母ザルの乳首にゆっくりと口を近づけ、唇で触れ、それから口に含むということを、私は何度か観察している（図2-4）。もちろん、母ザルが気付くと、このような行為をしていた兄や姉を手で押したり、払ったり、さらには睨んだり、威嚇の表情をしたりして、やめさせる。しかし、母ザルに気づかれるまでは乳首に関わり続け、しかも、母ザルに威嚇されても、また別の機会に試みようとする子

図2-5　とても珍しい0歳と2歳の子ザルの同時授乳。2歳になったメスの子ザルは、妹が生まれてからも授乳を求め続け、9歳の母ザルも許していた。
（中道 2017（引用文献8）より転載）

ザルもいた。

したがって、兄や姉となっても、乳首接触を求め続ける子ザルはいるのだが、赤ん坊と一緒に兄や姉への授乳を同時に行うこと、つまり、年齢の異なる二頭の子ザルに同時に授乳する母ザルは皆無と言っていいはずである。ところが、赤ん坊への授乳と同時に二歳のメスの子ザルが乳首を含むことを許した母ザルを私は観察したことがある。二歳ちょうどになる頃に妹が誕生したのだが、それまでと同じように、二歳の姉は授乳を求め、母ザルはそれを許していた（図2-5）。赤ん坊と二歳の姉への同時授乳、そして、姉だけへの単独授乳は、姉が三歳直前の三四ヵ月齢まで記録できた。しかも、興味深いことに、姉はいつも母ザルの右乳首を、赤ん坊は左乳首を口に含んでいた。この事例は、「心のおやつ」としての子ザルの乳首接触への要求はかなり強く、持続する場合もあり、乳首を吸えるかどうかは母ザルの態度に大きく依存していることを示している[8]。

3 ニホンザルにおける採食行動の発達

母乳を飲んで育つ動物は、いつかは離乳を経験する。母乳を飲みながらも、食物を食べるということが徐々に始まり、母乳摂取が完全に終了するまでに固形物を自分で口に入れ、消化をして、必要な栄養を得ることができるようになっている。つまり、母乳だけを吸うという行為から、固形物を噛んで細かくして、飲み込む行為に代わることが離乳である。

ヒトの赤ん坊の離乳は生後五、六ヵ月頃から十分にすりつぶしたお粥のようなものから始まる。そして、歯のまだ生えていない歯茎でつぶせるほどの柔らかい小さな固形物などに移り、その後も、赤ん坊の成長や食べ方に合わせて、食べ物は徐々に硬くなり、種類も増える。こうして、ヒトの乳児は食べ物を口に入れてもらいながら、噛むことを覚えていく。だから、ヒトの離乳は、おとなが手を加えたもの、つまり、小さくして加熱するなどの加工をした食べ物を、一口ずつ与えることで進む。しかも、乳児が口に入れたものを飲み込む時には、食べさせているおとなも同じように口の中のものを飲み込むかのように、うなずくように「ゴックン」の動作をする。このような乳児とおとなのやりとりを含んだ離乳のプロセスはヒト以外の動物では全くみられない。だから、おとなとの協働作業で乳児の離乳が進むのが、ヒトの離乳プロセス、あるいは初期の「食の発達」の特徴であるとも言い換えることができるだろう（ヒト乳児の食行動の発達については第1章を参照のこと）。

離乳期のコドモを持つコアラの母は通常の便とは異なる軟便を出し、コドモがそれを食べる。盲腸で作られるこの軟便にはコアラの主食であるユーカリの葉を分解するバクテリアが含まれている。(7) したがって、離乳期のコドモに与えるためにだけ分泌されるこの軟便はコアラの離乳食と言えるかもしれない。しかし、ほとんどの哺乳類にはそのような離乳食は存在しない。

肉食動物は狩りに成功して初めて食べることができる。自分の力で狩りができるようになるまでは、コドモはオトナから食物を与えてもらうが、特別な離乳食があるようには思えない。離乳期の草食動物のコドモもオトナと同じように植物を食べ始めるので、草食動物にも離乳食があるようには思えない。それでは、ニホンザルなどの霊長類の子ザルは離乳期にどのようなものを食べているのだろうか。

ニホンザルの子ザルは生後二週目のとても早い段階から、母ザルのそばに座ったりしながら、身近にあるものをなめたり、口に入れてしゃぶったりし始める。(2) 母ザルの口から落ちた食べ物を口に入れることもある。赤ん坊は草などの食べられるものだけでなく、小石や小さな土の塊などの食べられないものまで口に入れるが、喉に物を詰める子ザルはいない。(10) 子ザルの喉の形態的特徴から、ヒトの乳幼児のように口に入れた物が喉に詰まるようなことはないようだ。

生後一ヵ月を過ぎる頃には、ニホンザルの子ザルは草や葉っぱなどの固形物を噛み、嚥下《えんげ》する(図2-6)。野外の研究では、オトナのサルと違って、子ザルが実際に食べていることを確認するのは難しい。しかし、この時期の子ザルの便に食物片と思われる小さな固形物が確認されているので、生後一ヵ月頃のニホンザルの子ザルが固形物を食べていることは間違いないと思われる。[10]

このように発達初期からニホンザルの赤ん坊が草などの固形物を食べられるのは、生後一週目に物をかみ切る切歯（または門歯、前歯）が生えるからだ。誕生時に切歯の生えた赤ん坊も、ニホンザルでは珍しくない。上下左右合わせて二〇本の乳歯列が生後六ヵ月頃には全部そろうので、その頃には、かなりの食物を咀嚼できる。ニホンザルと同じように、ヒトの乳歯も合計二〇本だが、生後六ヵ月頃に萌出が始まり、生えそろうのは二、三歳の頃になる。[10] ヒトのコドモの離乳のプロセスが緩やかに進む理由はこのあたりにあるのかもしれない。

それでは、ニホンザルの子ザルはいつ、どのようにして食べられるものを覚えるのだろうか。ニホンザルが暮らしている野山ではさまざまな草、花、葉、果実などがある。その中で、子ザルはオトナのサルたちが食べる食物を、同じように食べることができるようになることが生存のためには不可欠なことである。京都市西部の山を生息場所とするニホンザル

図2-6　10歳の母ザルが食べている草を生後1ヵ月半の子ザルも一緒にかじっている。

集団（嵐山集団）で、子ザルの生後六ヵ月間、そして一歳になってからの五ヵ月間を追跡観察して、いつ、何を食べているのかを記録した研究がある[13]。

生後一年目と生後二年目の二つの年齢層のどちらの子ザルも、一メートル以内に他のサルがいて、そのサルが食べていると、食べる頻度が高くなった。その割合は実に九〇％にも達する高い値だったので、すぐそばで誰かが食べていると、子ザルも同じように食べると言い換えても良いだろう。このような行動傾向を「採食の同調性」と言う。もちろん、子ザルは母ザルと一緒にいることが一番多いのだが、隣にいるサルが母ザルであっても、子ザルと同じ年に生まれた子ザルであっても、さらには、別の年齢層のサルであっても、隣のサルが食べていると子ザルも食べているという「採食の同調性」が確認されている。さらに、隣にいるサルと同じ食物を食べている割合は、生後一ヵ月ではわずか二〇％であったのが、生後四、五ヵ月になると約八〇％にまで増えた。そして、一歳を過ぎた子ザルの場合でもその値は八〇％前後だった。これらの事実から、ニホンザルの子ザルは一メートル以内にいる他のサルと一緒に食べること、しかも同じ食物を食べることによって、採食レパートリーを覚え、増やしていくと言える。

同じく生後一年目と二年目のニホンザルの子ザルの追跡観察をした別の研究では、子ザルが採食中の母ザルや他の年長のサルの一メートル以内に近づき、食べている物やその食物に関わる動作をしっかりとみつめることが確認されている。特に、生後一年目の子ザルでは近づいてしっかりとみつめるということをより頻繁に行っていた[12]。この研究から、子ザルたちは母ザルを含む年長のサルの採食行動を注意深くみることによって、食物選択の仕方を学習しているということが言える。このような「採食の同調性」が子ザルの生存に大きく影響することも確認されている。アフリカのサバンナで生息するベルベットモンキーでは、「採食の同調性」が高い子ザルほどその生存率が高かったのだ(3)。子ザルは採食している他のサルに興味をひかれ、近づき、同じものを一緒に食べることを通して、つまり、社会的学習をする機会をたくさん持つことを通して、自らの生存の可能性を高めていると結論づけて良いだろう。

子ザルが他のサル、特に母ザルと一緒に食べることによって、採食レパートリーを覚え、増やしていくことは、飼育されているニホンザルを用いた実験でも確認されている(4)。ケージの中で一緒に暮らしているニホンザルの母ザルと一歳または二歳の子ザルに、彼らにとっては新しい食物であるアーモンドとマッシュルームを与える。母ザルも、子ザルもこれら二つの食物のどちらも食べるようになってから、味覚嫌悪条件づけを行う。ある食物を食べた後に、内臓を不快にさせる薬を与えると、それまで好んで食べていたその食物を食べなくなる。吐き戻しをしなければならないほど気分の悪い状態を経験すると、その直前に食べたものを嫌悪し、食べなくなることが味覚嫌悪条件づけである(味覚嫌悪条件づけについては、第3章で、詳しく述べられている)。味覚嫌悪条件づけを用いて、母ザルにはアーモンドとマッシュルームのどちらか一方を嫌いにさせる。他方、子ザルにはその両方を嫌いにさせる。それから、母ザルと子ザルが一緒の時に、アーモンドとマッシュルームを与えるのである。母ザルは味覚条件づけで嫌いになったものは食べないが、もう一方は変わりなく食べ続ける。子ザルは当初、どちらにも手を付けないが、母ザルが食べているものだけは徐々に食べるようになる。つまり、味覚嫌悪条件づけによって嫌いになった食べ物でも、母ザルが食べていると子ザルも食べることができるようになったのである。これほどまでに、ニホンザルでは、特に、子ザルは母ザルが何を食べるのかに注目しており、母ザルの食べ方に影響を受けているということがわかる。

もちろん、子ザルの採食行動がすべて社会的影響ばかりを受けて発達するのではない。食物の大きさや硬さなどの物理的特性に基づいて、子ザルが食物選択していることもわかっている。子ザルは自らの経験を通して学んでいるということだ。ヒト以外の霊長類の中で最も北に棲み、北限のサルと言われている下北半島（青森県）の野生ニホンザル集団を雪でおおわれる冬季に、生後七ヵ月から一〇ヵ月の子ザルとその母ザルを追跡観察した研究がある。[11]この時期の子ザルはすでに乳歯列が完成しているのだが、母ザルに比べて、一口で食べられる小さい食物品目をより頻繁に食べ、逆に、皮をむいたり割ったりして食べなければならない食物品目を食べることが少なくなっていた。また、サルナシの樹皮のように硬い食物品目を母ザルが食べても、子ザルはほとんど食べず、地上から五メートル以上の高さの樹上での採食も母ザルに比べると少なくなっていた。このように運動能力がまだ十分には発達していない子ザルは安全なところで、取りやすく食べやすいものの選択していることが明らかになっている。

4　ヒト以外の霊長類での「離乳食」

ニホンザルだけでなく、他の霊長類でも、子ザルが母ザルの手に持っている食物をとることはあっても、ヒトのように加工された離乳食を母が子に与えるということは皆無である。ただし、ニホンザルの赤ん坊が誕生する春から初夏にかけての時期は若葉が茂る季節であり、ニホンザルの好物である野イチゴやヤマグワの実もできる季節である。ヒトの乳幼児と異なり、ニホンザルの生後六ヵ月頃にはすべての乳歯が生えそろっているので、噛み切り、細かくして、嚥下することも早い段階から可能になっている。しかも、ニホンザルには両頬に頬袋があり、ここに食物を一時的にためておくことができる。生後二ヵ月を終える頃から子ザルは頬袋を使い始めるので、食物が頬袋にとどまっている間に、唾液などでふやけ、柔らかくなる可能性もあるだろう。

このようにニホンザルが「自然の離乳食」とでもいうべき柔らかい食物の存在する時期に生まれてくること、乳歯の早い時期からの萌出、さらには、頬袋の使用も相まって、母乳による栄養摂取を補完する採食活動が発達初期から可能となっていると推測できる。同じことが、類人猿のゴリラの野生場面での観察から確認されている。

ゴリラのコドモは三歳から四歳の間に、完全に離乳する。[8] 野生のゴリラを観察したワッツによれば、この完全な離乳が生じる前の三歳になるまでに、コドモは草、茎、樹皮などの繊維質

図2-7　動物園で暮らす生後10ヵ月のゴリラの子どもが、母と同じ野菜を手に持って食べている。後方に、別の種類の野菜が落ちている。

の多い食物をオトナとほぼ同じように食べることができるようになっている。[14]しかも、一歳になるまでのコドモは、口に入れやすく、消化・吸収も良く、タンパク質のように栄養価の高い食物品目を食べる傾向が強いこと、すなわち、「離乳食」に相当するような食物を食べやすいことを、彼は指摘している。さらに、母が食べる時に一緒に食べる傾向が強いだけでなく、母が食べているものと同じ食物を食べることが多いことも指摘している（図2-7）。逆に、母と一緒に食べないで、コドモだけで食べる時には、オトナが食べない食物もよく口にすることを報告している。[14]つまり、ニホンザルの子ザルと同じように、ゴリラのコドモも強い「採食の同調性」を示し、社会的学習を通して、オトナの採食品目を獲得していると結論することができる。

しかし、不思議な点がある。ゴリラのコドモは母が食べているものを同じように食べる傾向があること、そして、「離乳食」に相当する食物を食べやすいことがコドモのゴリラの食べ方の特徴であった。この事実は、母ゴリラがコドモと一緒に食べる時は、コドモが食べやすいものを選択的に食べている可能性、つまり、母も一緒に「離乳食」となる食物を自発的に選択して食べている可能性を示唆している。母ゴリラがコドモに食物を手渡して食べさせること、あるいは、食物の食べ方を教えることは全くない。ゴリラだけでなく、ヒト以外の霊長類のすべてにおいて、母などのオトナがコドモに向けて食べ方を実演する、コドモが食べてはいけないものを食べようとするとそれを取り上げるなどのように、「教える」ことに相当する行為はチンパンジーの母が示した一事例（コドモのチンパンジーが手に握った石で堅い実を割り、中の果肉を食べるという道具を用いた採食行動を繰り返し失敗した時、そのコドモの前で、母チンパンジーが硬い実を石で割る動作をゆっくりと実演した事例[1]）を除いてまったく報告がない。したがって、もし、離乳期のコドモを持つ母ゴリラが意図的に「離乳食に相当する植物を食べること」を頻繁にしているとしたら、母ゴリラはコドモの採食行動の発達に積極的に貢献していると言ってよいだろう。でも、まだこの推測が妥当かどうかは確認できていない。残念ながら、食行動を通しての母と子の相互交渉については、ゴリラだけでなく、多くの霊長類では不明な点がまだまだ多く残されている。

5　ニホンザルの「草の根洗い行動」

樹木の新芽や花、草花を手で取って口に運ぶ姿を見ているだけでは、ニホンザルの豊かな知

図2-8　20歳のオトナメスがイタドリの茎を折り取り、薄皮を向いてから食べている。

性を感じることは少ないだろう。しかし、初夏に成長するイタドリの茎をオトナのサルが折り取り、それから薄皮を向いて、瑞々《みずみず》しい茎を食べるまでの一連の動作を目にすると、その巧緻な手の動きに、誰しも感心すると思う（図2-8）。ヒト以外の霊長類が自然の食物を取って、口に入れるまでのプロセスは、その動物の持っている知性の物差しにもなるし、文化的行動と呼ぶにふさわしい場合さえある。そのような行動の一つとして、ニホンザルの草の根洗い行動を紹介する。[9]

岡山県真庭市に中国地方で最大の名瀑「神庭《かんば》の滝」がある。その近辺に生息するニホンザル集団（勝山集団）が一九五八年に餌付けされ、その時から現在に至るまで、大阪大学の研究チームが中心となって個体識別を続けながら行動研究を行っている。ニホンザルのオスはオトナになる五歳前後から生まれ育った集団を離れていくが、メスは生涯を生まれ育った集団で過ごす。したがって、母と娘、姉妹、祖母と孫娘、おばと姪などの血縁の近いメスたちは、毛づくろいなどの親和的な社会的関わりを頻繁に行い、血縁の異なるサルとのケンカの時には互いに支援をし合う。

勝山集団の生息地は、冬季には雪でおおわれ、その時期のサルの食物は樹皮や冬芽、葉、さらに、土の中の草の根などに限られる。二月から四月初旬の融雪期になると、神庭の滝から流れ出た神庭川の両岸でも、サルたちは草の根を掘ってかじることがしばしばみられるようになる。ほとんどのサルたちは、掘り出した一〇センチから二〇センチの草の根の端を片手で持ち、もう一方の手で草の根を軽く握って土をこそぎ落とす。この動作を二、三回した後に、食べ始める。土を落として食べやすくして食べているのだ。食べ終わると、次の根を掘り始める。これがニホンザルの草の根の食べ方である。一、二歳の子ザルでは一〇センチを超えるような長い草の根を掘り起こす行動はみられない。長い草の根を掘り出すことは簡単な作業ではないのは明らかだ。だから、こんな長い草の根を掘り出すことができるのは四歳前後のオトナに近づいた年長の子ザルや五歳以上のオトナに限られる。

勝山集団のサルの中に、掘り出した草の根を川にまで運び、川辺で、水の中につけて洗ってから食べるサルがいることが発見された(9)。どのサルも一本だけでなく、二本目、三本目を掘ってから、複数の草の根を一緒にして片手でつかんで川まで運び(図2-9左)、そこで、一本を洗って食べ、食べ終わると二本目を洗って食べていた。運ぶ距離は五、六メートルまでが多いのだが、時には二〇メートル以上も運ぶことがあった。草の根を洗う時には、両足は川の水につからないところで、草の根を持って川の中につけ、そこで、もう一方の手で草の根を軽く握ってこすっていた。中には、水が流れる平らな大きな石の上で草の根を手で転がすようにして洗

図2-9　掘り出した数本の草の根を左手に持って川に向かうニホンザルのオトナメス(左)。川辺の平らな石の上で、草の根を転がしながら洗うオトナメス(右)。
（Nakamichi et al.（1998）（引用文献 9）から転載）

うサルもいた（図2－9右）。草の根を手でこするだけでは土は残っているが、このように水につけて洗うと土をきれいに落とすことができる。もちろん、ヒトと同じように、サルも土の付いていない根を食べる方を好むだろう。

勝山集団のサルはすべて個体識別がされている。当時、一一〇頭のオトナメスがいたが、この草の根洗い行動を確認できたのはその中の一一頭だけだった。オトナオスは一頭も確認できなかった。しかも、この一一頭のメスのうち、六頭は優劣順位が第一位の血縁系に属するメスたちで、他のメスも高位、中位の血縁系に属するメスだった。

勝山集団の草の根洗い行動がいつ頃から始まったのかは不明だ。私がこの行動の重要性に気が付き、記録を開始したのが一九九四年だったが、それ以前からも一部のサルたちが行っていたことは確かだった。そして、二〇年以上経過した二〇一七年においても、草の根洗い行動を確認できるのだが、行っているのは一部のオトナメスに限られており、集団の中に広まっているわけではなかった。そして、これまでにオトナオスで確認されたのはわずか一頭だけだった。

ニホンザルでは新しい行動が集団の中に広まる過程がいくつか記録されている。その最も有名な事例は、今から半世紀以上も前に記録された宮崎県の幸島で餌付けされたニホンザル集団におけるイモ洗い行動である[6]。サルに与えられるサツマイモには土が付着しており、当初はどのサルも手でこすって土を落として食べていた。餌付け開始から一年後の一九五三年九月に、土の付いたイモを浜辺にある餌場の端を流れる小川まで持って行き、洗う個体が出現した。一歳半のメスの子ザルだった。イモ洗い行動は五年を経過して、五歳未満の未成体の八割に広がったが、五歳以上のオトナでは二割にとどまった。つまり、新しい行動は遊びなどを通して一緒にいることが多いコドモどうしの間で広がっても、オトナにまで広がるのが難しいという事実だった。その後は、コドモの間にイモ洗いを獲得したメスがオトナになり出産をすると、母ザルの行うイモ洗い行動をコドモがそばでみながら成長するので、コドモの間にイモ洗い行動を獲得するようになった。社会的学習であり、イモ洗い行動の母ザルから子ザルへの社会的伝播である。こうして、イモ洗い行動は集団の中に広まっていった。その結果、最初のイモ洗いから九年後には、集団の七割を超えるサルがイモ洗いをするようになった。また、イモ洗い行動の場所も小川から浜辺へと移った。海水で土を落とすだけでなく、塩味を付けながらイモを食べるようになり、イモ洗いは土を洗い流すことと塩味をつけることの二つの意味を持つようになった。

イモ洗いはサツマイモを水に付けながら、両手あるいは片手でこする行動なので、かなり簡単な動作と言える。だから一歳過ぎの子ザルでもできたのだろう。それに比べると、一〇センチから二〇センチの長さの草の根を掘り出すことは容易な行動ではない。だから、子ザルは自分では草の根を掘ることができず、結果的に洗う機会もほとんどない。洗って食べているのが母ザルならば、子ザルがそのそばで母ザルの草の根洗いの行動をみつめたり、母ザルが落とした食べ残しの草の根を手に取ってかじったりすることがある。このようなコドモ期の観察経験が、オトナになって草の根を掘り出せるようになってから、草の根洗い行動にまで発展したと考えられる。

二歳頃からニホンザルのオスの子ザルは母ザルから離れて過ごすことが多くなり、他方、メスの子ザルは母ザルと一緒にいる時間はそれほど急激には少なくはならない。つまり、母ザルの草の根洗い行動の観察機会は、オスの子ザルよりも、メスの子ザルに多いため、オトナになってからの行動として、メスにのみ定着する可能性が高いと考えられる。

掘り起こした草の根は食べ物である。これを優劣順位の明確なニホンザル集団の中で、下位のメスが持ち歩くと、優位個体から攻撃を受ける危険性を高めることになる。実際に、川辺でオトナメスが草の根を洗っている時に、順位の高いオトナオスがそのメスを威嚇して、洗った後の草の根を奪って食べる場面を、私は目撃したことがある。したがって、下位メスは食べ物を奪われないために、草の根を掘ったところで速やかに土を落とし、食べ始めるので、草の根洗い行動にまで結びつかなかったと考えられる。

さらに、この草の根洗い行動で特筆すべきことは、一回に一本ではなく、複数の草の根を運ぶということである。ニホンザルは餌場にまかれた小麦を指で一粒つまんでは口に運ぶことを繰り返す。一粒ずつつまんだ小麦をもう一方の手に集めて、たくさん集めた小麦を一気に食べるということをしない。たくさん集めてから食べたほうが効率的なのだが、このような効率的な行動を大型類人猿のゴリラは行うことができても、ニホンザルでは行うことが難しい。

例えば、ヒトの幼児が遊んでいたおもちゃをおもちゃ箱に片づける場面を想像してほしい。最初は一個ずつおもちゃを持っておもちゃ箱まで運ぶ。でも、少し大きくなると、片手に一つずつ持って運び、次には両腕で抱えるようにしてたくさんのおもちゃを運ぶようになるだろう。つまり、成長とともに、ヒトの幼児のおもちゃの片づけ方が効率的、経済的になるのだ。草の根を掘り出して、川まで運んで洗って食べるメスザルのほとんどが、一本ずつ草の根を掘り出して数本になってから、一緒にして川まで運ぶ。このやり方は一本の草の根を掘り出して、川まで運んで洗って食べ、再び戻って草の根を掘り出すよりは、ずっと効率が良く、経済的である。さらに、掘り出した草の根をすぐに食べないで、横に置いて次の草の根を掘り始めるということは、ニホンザルが食べることを我慢できるということであり、川で洗うことまでを意図していることを物語っている。ニホンザルの中で勝山集団でのみ確認されている草の根洗いは、少なくとも二〇年以上にわたり世代を超えて一部の個体で継承されているので、文化的行動と言っても良いだろう。勝山集団の草の根洗い行動によって普段は隠されているニホンザルの知性が明らかになったのだ。

6　おわりに

最後に、ヒトとヒト以外の霊長類における食行動の発達の類似点と相違点を確認しておこう。ニホンザルの子ザルは一歳を過ぎて、独力で自然の食物を食べて、十分な栄養摂取ができるようになっても、母ザルの乳首を求めるのが一般的であった。だから、母ザルの乳首への接触を求めて子ザルと母ザルの間で軋轢も生じた。この傾向はゴリラなどの類人猿でも、離乳期には同じようにみられる。(8) 断乳の言葉からわかるように、ヒトのコドモも離乳食で十分な栄養摂取が可能になってからも母乳を求める傾向は存在する。つまり、ヒトを含めた霊長類のコドモは、母乳を求め続ける傾向を共通して持っているのである。しかも、他の哺乳類に比べて、霊長類のコドモが母乳を求め続ける傾向はより強いのではないかと、私は推測している。と言うのは、他の哺乳類の母乳に比べて、霊長類の母乳は脂肪分の割合が少なく、逆に水分の割合が多いということ、すなわち、より薄い母乳であるので、(5) その分、霊長類のコドモたちはより頻繁に母乳を飲んで成長することになる。しかも、霊長類では握ったり、つかんだりできる手を持っているので、子は母にしがみつき、母は子を抱くことができる。ヒト以外の霊長類では、手だけでなく、足でもつかんだり、握ったりできるので、母が座ったり、横になったりして休んでいる時も、移動する時も、子は母の腹部にしがみつき続けることができる。結果的に、母と子の身体接触の時間が長くなり、コドモが母の乳首を口に含む機会も多くなる。眠りながら、母ザルの乳首を「おしゃぶり」のように口に含み続ける子ザルもいる。ヒトでも「おしゃぶり」を口に含ませて、ぐずるコドモを落ち着かせることをする。このように、進化の隣人である霊長類のコドモたちは、栄養的には母乳を必要としなくなってからも、乳首を口に含むこと、あるいは母乳摂取を「心のおやつ」として求め続ける類似性を持っているのである。

他方、食物を食べ始めるプロセスは、ヒトとヒト以外の霊長類では大きく異なる。ヒト以外の霊長類では、母が食べ物を与えたり、食べられる物や食べ方を教えたりすることは皆無に近い。コドモは母や他の個体が食べるのをそばでみつめて、食べられる物を覚える。ところが、ヒトでは、オトナが離乳食を作り、コドモの口に運び、食べさせてあげる。このように両者には大きな違いはあるのだが、どちらもひとりで食べるのではなく、一緒に食べること、つまり、社会的に関わりながら食べることで、それぞれの動物種が持つ食行動を獲得し、さらには、食に関わる文化を継承していくのである。

さて、霊長類の離乳のプロセスと食行動の発達をまとめた本章を読み終えて、ヒトをみつめ、理解しようとする時、進化の隣人を知ることも役立つということを実感していただけただろうか。互いに進化の隣人であるヒトとヒト以外のさまざまな霊長類を同じ視点からみつめることで、ヒトの新たな面だけでなく、ヒト以外の霊長類の新たな面も発見し、両方の理解を深めることができる。これが私の考える人間科学であり、「人間科学としてのサル学」である。

引用文献

（1）Boesch, C.（1991）. Teaching among wild chimpanzees. *Animal Behaviour*, 41, 530–532.
（2）長谷川真理子（一九八三）『野生ニホンザルの育児行動』海鳴社
（3）Hauser, M. D.（1993）. Ontogeny of foraging behavior in wild vervet monkeys（*Cercopithecus aethiops*）. *Journal of Comparative Psychology*, 107, 276–282.
（4）Hikami, K., Hasegawa, Y., Matsuzawa, T.（1990）. Social transmission of food preferences in Japanese monkeys（*Macaca fuscata*）after mere exposure or aversion training. *Journal of Comparative Psychology*, 104, 233–237.
（5）Jenness, R., Sloan, R. E.（1970）. The composition of milks of various species. A review. *Dairy Science Abstracts*, 32, 599–612.
（6）Kawai, M.（1965）. Newly-acquired pre-cultural behavior of the natural troop of Japanese monkeys on Koshima islet. *Primates*, 6, 1–30.
（7）マーティン・R（白石哲訳）（一九八六）「コアラ」D・W・マクドナルド編（今泉吉典監修）『動物大百科6 有袋類ほか』一四八－一五一、平凡社
（8）中道正之（二〇一七）『サルの子育て　ヒトの子育て』KADOKAWA（角川新書）

（9）Nakamichi, M., Kato, E., Kojima, Y., Itoigawa, N.（1998）. Carrying and washing of grass roots by free-ranging Japanese macaques at Katsuyama. *Folia Primatologica*, 69, 35–40.

（10）和秀雄（一九八二）『ニホンザル　性の生理』どうぶつ社

（11）Taniguchi, H.（2015）. How the physical properties of food influence its selection by infant Japanese macaques inhabiting a snow-covered area. *American Journal of Primatology*, 77, 285–295.

（12）Tarnaud, L., Yamagiwa, J.（2008）. Age-dependent patterns of intensive observation on elders by free-ranging juvenile Japanese macaques（*Macaca fuscata yakui*）within foraging context on Yakushima. *American Journal of Primatology*, 70, 1103–1113.

（13）Ueno, A.（2005）. Development of co-feeding behavior in young wild Japanese macaques（*Macaca fuscata*）. *Infant Behavior & Development*, 28, 481–491.

（14）Watts, D. P.（1985）. Observations on the ontogeny of feeding behavior in mountain gorilla（*Gorilla gorilla beringei*）. *American Journal of Primatology*, 8, 1–10.

参考図書

・西田利貞（二〇〇一）『動物の「食」に学ぶ』女子栄養大学出版社

アフリカの森の中で、チンパンジーを朝から夕方まで見続け、その暮らしぶりを明らかにしてきた著者が、チンパンジーの食行動に焦点を絞って著わしたのが本書。チンパンジーの食だけでなく、人の食の在り方にまで言及があり、興味深い。

・中川尚史（一九九九）『食べる速さの生態学　サルたちの採食戦略』京都大学学術出版会

集団で暮らす野生ニホンザルを追いかけて、彼らが何を、いつ、どこで、どのように食べるのかを丹念に調べてきた著者の研究成果をとてもわかりやすく著わしたのが本書。「食」を通して関わりながら暮らすニホンザルのことがよくわかる。

・田中伊知郎（一九九九）『「知恵」はどう伝わるか』京都大学学術出版会

子ザルが母ザルのおっぱいをいつまで、どのように吸うのか？　サルは毛づくろいで何を取っているのか？　本書は、集団で暮らすニホンザルの母子の授乳行動や毛づくろいの克明な観察記録から、彼らの豊かな知性を明らかにしている。

第3章　好き嫌いから「食べる」を捉え直す

八十島　安伸

1　はじめに

「食べる」は、ヒトや動物では日常的にみられる重要な行動である。生命の歴史の中で、さまざまな動物やヒトの先祖らは、植物や他の動物の身体などを生きるための食物として利用してきた。一般に、動物であれば「食べる」は当たり前に行う。「食べる」はあまりにも当然なことであるために、学問が研究対象とするものではないと思う読者もいるかもしれない。しかしながら、医学や健康科学からみれば、生活習慣病や健康のために「食」は非常に重要視され、その研究がなされている。また、本書の他の章で紹介されるように、さまざまな分野からの研究がある。われわれ人間における「食べる」については非常に多くの要因によって調節されたり、影響を受けていることが明らかとなりつつある。行動生理学の立場からみれば、「食べる」という行動には、何を食べるのか、いつ食べるのか（一日の中でどの時刻に食べるのか、季節ごとに食べる量や種類を変えるのかなど）、どのように食べるのかなどを調節するための脳や神経系、身体の生物学的な働きが研究対象である。本章では、その中でも、誰しもが一つは持っている「好き嫌い」というキーワードに着目し、その現象につながる話題を通じて、「食べる」という行動、その発達、生物基盤、そして社会的な側面の一端を概観したいと思う。

2　自分と他者の「好き嫌い」は同じなのか違うのか

食べ物は、多くの人にとっては興味の対象である。動物としてのわれわれヒトにおいては、本来、味や匂いという手がかりを基準として、食べ物を選びながら食べてきた。しかしながら、和食は目でも味わうとも言われるし、また、今日にあるように、ＳＮＳへの写真投稿に適した見栄えも重視されている。そのように食べ物の選択基準は変化してはきたものの、やはり、最終的に食べるか食べないかを決めるのは「おいしい」「まずい」「すき」「きらい」という要因が主であることには変わりがない。つまり、味への好き嫌いは食べ物の選択における重要な要因である。だからこそ、個人の好き嫌いは注目される。ある個人の好き嫌いは周囲の人にも注目されたり、その注目されたことが、その当人には記憶として残る場合がある。例えば、幼少期での好き嫌いは、保護者や他者からは単なるわがままとしてみられることがあり、そのために食べることを無理強いされたり、叱られたりという「苦い」経験を持つ読者もいるだろう。また、自分の食べ物への好みに対して、人から怪訝な顔をされたり、冷さかされたりといった経験があるかもしれない。毎年、小学校で子どもに嫌いな食べ物を食べるように強制して問題となったというニュースが数例報告される。大学生へのアンケート調査によると、そのような強制を経験した人の中には、「食べる」ことそのものへの興味や関心が低いと答える人がいたと言う。そのように「食べる」に関わる好き嫌いは、食べることそのものへの「すき」「きらい」をも左右することがある。では、なぜ、嫌いな食べ物を強制してしまう事例が繰り返し起こるのだろうか。好き嫌いという現象の背景には、単なるわがままでは済まされないような、さまざまな種類やレベルの原因や理由がありうる。そのことを強制する側の人たちはあまり認識していないことが一因であるのかもしれない。

そこで、本章では、このような日常の好き嫌いという現象を改めて整理し、それを通じて「食べる」行動とその背景要因についてより深く考えてみる。特に、「嫌い」に着目し、大きく分けて以下の三つの観点からの考察を行う。

（1）　生得的な好き嫌いを決める要因

（2）ある食べ物を食べることを避ける傾向が強いか弱いかという要因
（3）ある食べ物を嫌いになってしまうなどの好みが変化するという要因

3　生得的な好き嫌いを決める要因

食べ物にはさまざまな物質が含まれているが、それらの物質が口腔内の味覚受容器や鼻腔内の嗅覚受容器によって受容されることで、味や匂いという情報が生み出される。これらはそれぞれ味覚・嗅覚の感覚情報と呼ばれ、それらをまとめて化学感覚とも言う[18]。化学感覚は進化的な意味での歴史が古く、単細胞生物からその感覚機構は生命にとって重要な役割を担っているし、現代のわれわれの身体内部における重要な働きにも関わっている。化学感覚に関わる生物学的な受容器や感覚能力は、爬虫類から、両生類、哺乳類へと受け継がれながら形態・機能が進化しつつ、ヒトにも保存されている。そして、ヒトや動物が食べ物を認知するためには、その物質の特性を視覚・嗅覚・味覚などの感覚機能を介して分析する必要がある。それでは、化学感覚の一つである味覚と好き嫌いの関係をみていこう。先ず考えるべきことは、味の感じ方である。

味覚も含めて、一般的に、感覚器官やそれからの感覚情報を受け取る脳の構造や働きは、個々人の間で独立している。さらに後述するような生物学的な分子・形態上での個人差があるため、味覚の感じ方そのものに多様な個人差がありうる。つまり、口の中に同じ物質が存在し、それを味覚系によって受容したとしても、末梢での味覚反応や脳内の感覚情報処理が、他者と同じになるとは限らない。他の感覚体験と同様に、味覚の知覚は個人の主観的な体験であり、味覚情報を他者と完全に共有することはできない。しかしながら、日常場面では、多くの場合、人は自分自身が感じている感覚（情報）と同じように他者もそれを感じていると捉える傾向がある。味覚においてもそうであり、厳密に言えば、お互いに感じている味が異なっているということを理解できない。さらに、その味への好き嫌いの背景には、そもそも味の感じ方の違いが原因としてありうるということも想像しにくい。そのため、他者の好き嫌いに疑問を感じたり、違和感を覚えたりしてしまうのだろう。

それでは、味の感じ方の個人差を生み出す要因は何だろうか。まず、味覚の個人差は遺伝子機能の違いによって生じることが知られている。ほうれん草やブロッコリーなどに含まれる物質と類似の化学構造を持つ、フェニルチオカルバミド（ＰＴＣ）という苦味を感じさせる物質がある。その苦味感受性には遺伝的レベルでの個人差がある[3, 15]。ヒトゲノムにはＰＴＣを受容するために必要な味覚受容体タンパクを符号化（コード）している遺伝子（*hTAS2R38*）があり、それに変異を持つ人は、ＰＴＣを苦いとは感じにくい。これはＰＴＣ味覚障がいと呼ばれる。さらに興味深いことに、ＰＴＣへの苦味感受性を持つ割合は子どもではより大きいことが示されている。(9) 生まれ持ったゲノム遺伝子は同型であっても、苦味感受性は子供ではより相対的に強い場合があることを示している。また、ＰＴＣの感受性が高い人ほど、野菜を嫌う傾向が強い。以上から、たとえ同じ野菜を食べても、ある割合の子供たちは大人よりもさらに強い苦味を感じるため、野菜を嫌うと考えることができる。

さらに、生物学的な構造の多様性による味の感じ方（味覚感受性）の相違がある。口の中（学術的には口腔内と呼ぶ。）には、舌や粘膜部分（口の上側の粘膜を軟口蓋《なんこうがい》と呼ぶ。）があり、舌上皮や軟口蓋の粘膜上には乳頭という特殊化した構造がある。乳頭の中には、味覚受容体タンパクを持つ味細胞が集合した味蕾《みらい》という構造がある。乳頭の数は相対的に味覚感受性に関連しており、乳頭数の違いが味覚感受性の個人差を生み出すと考えられている。そして、乳頭の数が平均的な人よりも多い人が、ある一定の割合で存在している。乳頭を多く持つことによって高い味覚感受性を持つ人を「超味覚者（supertaster）」(10) と呼ぶ。超味覚者は野菜などに含まれる苦味物質をより苦く感じるため、超味覚者は、野菜を好まない場合が多いという。

以上で紹介したように、生物として持つ味覚受容体遺伝子のタイプや味覚受容系の生体構造における多様性が味の感受性、とりわけ苦味への味覚感受性の個人差の一因となっている。このような生物学的な個人差には注意が必要であろう。例えば、超味覚者でない人々は、超味覚者が感じている苦味の強さをリアルには感じることはできない。そのため、超味覚者ではない親や周囲の大人は、超味覚者の子どもの野菜嫌いを単なるわがままや食わず嫌いであると決めつけてしまうこともありえる。もしそうであれば、その子は辛い。まずは冷静に、もしかしたら、その子の野菜嫌いには、生物学的な理由があるのかもしれないと考えてみてはどうだろうか。そのような一歩が、味の感じ方の個人差が理由である「好き嫌い」にまつわる苦痛や問題の軽減につながることもあるだろう。

次に、味覚の発達的変化をみてみよう。われわれヒトは、赤ちゃんの頃には母乳や粉ミルクを飲んでいた。母乳や粉ミルクだけを摂取する発達時期では、喉の奥の粘膜（軟口蓋）に多くの味蕾があり、舌上の味蕾はまだ少数である。乳児期における特徴的な味蕾分布は、母乳やミルクを強く吸啜《きゅうてつ》（吸い込む）する場合に有利である。吸啜すると、喉の奥の粘膜に母乳や粉ミルクが直接当たるので、その部位での味物質の受容が味知覚・認知に有利である。そのため、この発達段階では、軟口蓋での味蕾が多いのであろう。乳児期を経て、舌の味蕾が増加し、一方で、軟口蓋における味蕾は減少していく。このように味を受け取る生物システムの構造・形態（末梢の味覚感覚系の解剖学的構造）の変化とともに、発達に伴って「食」の内容も変化していく。

それでは、味への好き嫌いは、発達段階のいつから始まるのであろうか。好き嫌いを言葉で表現することがまだできない乳幼児や新生児については、行動科学の手法として、行動そのものを分析する方法がある。その手法を用いた研究[13]を紹介しよう（図3-1）。新生児の口腔内に少量の甘い液体を入れると、新生児は微笑みを浮かべたり、舌なめずりなどを行う。このような顔表情の反応を味覚口腔顔面反応と呼ぶ。[1,13] 他方、苦い液体を少量口に入れると、彼らは大きく

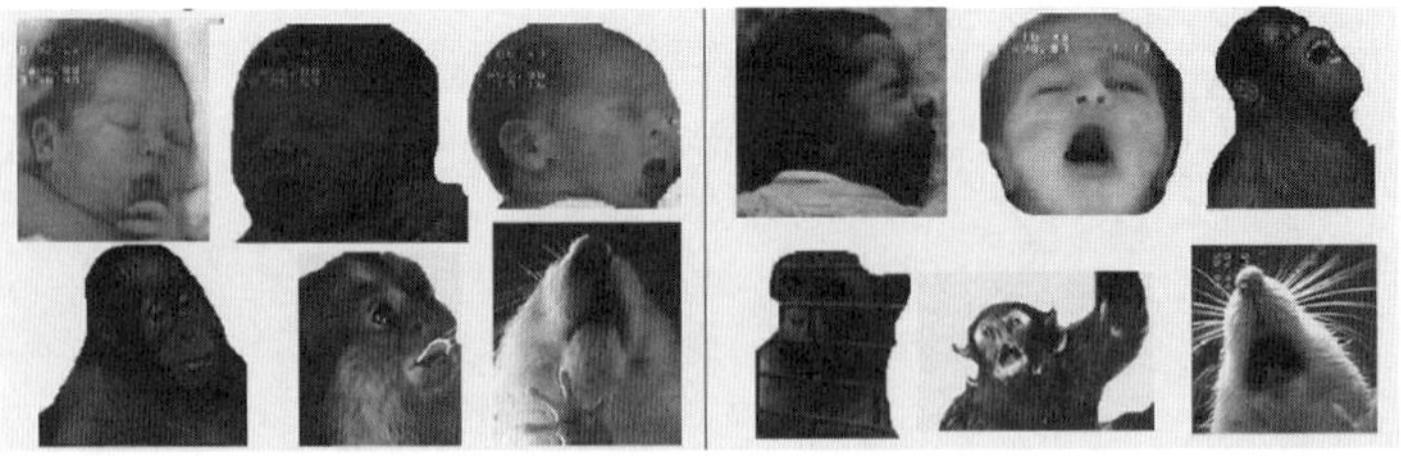

図3-1　新生児およびさまざまな動物における味覚顔面反応の例
ヒト新生児、オランウータン、コモンマーモセット、タマリンなどの霊長類、そして、ラットにおける顔面反応の写真をまとめてある。左側には甘味刺激を口の中に呈示した時の反応を示している。右は、苦味刺激を口の中に呈示した時の反応である。（Berridge, K. C.（2000）（引用文献1）より許可を得て掲載）

開口したり、目をしかめたりという表情を示す（図3-1）。これらの顔面表情には、異なる味質によって異なる反応が生じるという生まれながらの（生得的な）関係性がある。

新生児も味覚刺激への好き嫌いに関わる反応を行えるとわかった。では、生まれる前には味への好みはないのであろうか。ある研究によると、妊娠中に母親が特定の食べ物を食べると、生まれてきたわが子がその食べ物に示す好き嫌いが他の乳幼児とは異なるという。また、現代では倫理上での問題のある古い研究によると、妊婦の子宮中の羊水に甘い液体を入れてみたところ、胎児が羊水を飲み込む量は増え、苦味物質を入れると逆に減少した。つまり、甘いものは多く摂取し、苦いものは嫌うという味刺激への好き嫌いが胎児の頃からあることになる。早産児として生まれてきた新生児においても味への好き嫌いの顔面反応があることから、ある段階まで発達した胎児の頃から味覚への好き嫌いは生じていることがわかる。胎児の時期から味感受性があることは、母親が食べたものを新生児が好む場合があることの一因とも考えられている。つまり、生まれる前から味覚経験があり、その経験が何らかの形で生まれてからの食べ物への好き嫌いにも影響しうると考えられている。

ところで、ヒト新生児における味覚口腔顔面反応[1,13]のような生得的な味覚反応は、ヒト特有であろうか。実は、他の哺乳類であるげっ歯類や霊長類でも同様の反応がみられる[1]（図３-１）。つまり、味覚口腔顔面反応[1,13]は進化の過程で受け継がれてきて、それに関わる脳の働きも進化の中で、さまざまな動物において系統保存されてきたと言える。苦味のあるものを食べた時の顔表情・舌・口の運動や形状などの行動反応は、嘔吐の時の口腔顔面反応に類似していると考えられている。食べ物が苦く、まずければ、それを口から吐き出す行動が生じやすい。さらに、その苦味が刺激となり、唾液の分泌も促進され、口腔組織から苦味物質などが洗い出される。つまり、唾液とともに苦味物質を口腔から吐き出すという行動反応が生じやすくなり、結果的に、苦味物質は生理学的・行動学的メカニズムによって口の中から排除される。このような味覚顔面反応は脳、特に、進化的に古くからある脳の領域の働きによって生み出される。

生理学的・行動学的な好き嫌いの反応とともに、幼児期における好き嫌いには、社会的な要因による変化も生じてくる。幼児や就学前の子どもらは未経験の食べ物を食べる場合にその食べる量を控える場合が多い。これは後述する味覚・食物への新奇恐怖が背景にあると考えられる。この時期の食には、周囲の大人、特に親・養育者の食行動も影響する。さらに、周囲の同世代の子供の好き嫌いがとても大きな影響を及ぼすようになる。親や養育者が食べる物を幼児や子どもは、安全な食べ物であると学習すると考えられている。第1章や第2章でも述べられており、また、以下の節でも述べるが、成長するにしたがって、周囲の他の人々の「食べる」や好き嫌いからの影響を受ける場合が増えてくる。

4 「食わず嫌い」——新奇な味や匂いを避ける行動と好き嫌い

前節の最後でも述べたが、子どもは未経験（新奇な）の食べ物を食べる時にはそれを食べることを控える（避ける）行動傾向を示す場合が多い。時として、大人でも、新奇な食べ物への警戒感が強くなる場合がある。動物、とりわけ雑食性動物においては、初めて経験する新奇な食べ物の摂取を控える行動傾向を持つ。このような行動傾向を生じさせる感覚刺激は味覚刺激や匂い（嗅覚）刺激であり、新奇な味を避けることは味覚性新奇恐怖と呼ばれ、嗅覚刺激の場合には嗅覚性新奇恐怖と呼ばれる。[12] 動物が生活している野生状態では、新奇な食べ物が有毒であるのかそうでないのかは、消化管に入り、消化吸収される前にはわからない。そのため、新奇な食べ物の摂取を避けるという行動（新奇恐怖）を示す動物は、毒のある食べ物を大量に食べることによって生命の危機に直面してしまうというリスク（危険な事態）を避けることができる。一方、慣れ親しんだ他の食べ物には毒性がないことを経験済であるために、その摂取を避ける必要はない。以上から、新奇恐怖という行動傾向を持つということ（行動の表現型・形質）は、野生状態において有毒物を避けることに有利であるので、生存可能性を高める効果を持つ。そして、毎日出会うさまざまな食べ物が利用できるのか避けるべきなのかを経験に基づいて学んでいく。その学びを通じて、ヒトはさまざまな地域における時間と空間の上でも生活の場を拡げることができ、環境に適応してきたと考えられる。例えば、季節によって利用できる食べ物は変わることがあり、また、長い移動をすれば利用できる食べ物も変わることがある。そのような環境変化に伴う利用可能な食物と避けるべき毒のあるものを区別するのに新奇恐怖のメカニズムは役立っているのかもしれない。そして、そのような新奇恐怖という行動表現型は、さまざまな種に受け継がれて、ヒトにおいても系統保存されてきたと考えられている。

ある食べ物の味に新奇恐怖を示す動物でも、その新奇な食べ物を少量摂取した後に体調不良を経験しなければ、再び同じ食べ物に出会った時にはその食べ物の摂取量は増加に転じる。これを新奇恐怖の減弱と呼ぶ。新奇恐怖の減弱は、新奇な味や匂いという感覚情報と、その後に自分の身体の状態に不調は生じなかったという経験を脳内で結び付ける連合学習であり、その味や匂いへの記憶を形成すると考えられている。そして、次回に同じ味物質と出会った時に、その学習によって脳内に作り出された記憶を参照することによって、その味・匂い物質の摂取を増やすという行動変容が生じる。つまり、新奇恐怖の減弱は、味・匂いと身体の内部情報との連合による安全学習の一例と考えられる。

　動物を用いた研究においては、その体調についての操作が行いにくいことから、新奇恐怖の脳機構の解明はあまり進んでいない。しかしながら、扁桃体という脳部位が味覚性新奇恐怖に関与することが示唆されている[12]。他の行動の脳機構の研究から、扁桃体は不安行動や恐怖学習などの嫌悪性行動を司る脳部位であると示唆されている。そして、食べ物への新奇恐怖に扁桃体が関わることは興味深い。また、扁桃体は、味覚・嗅覚刺激による嫌悪学習（後述）の形成や再生のプロセスに関係している[4、16、17、18]。一方、嗅覚性新奇恐怖に関しての扁桃体の役割は未だよくわかっておらず、われわれの研究グループでもその研究を行っている。新奇恐怖の減弱に関わる学習プロセスの詳細については他の文献[12]を参照されたい。

　ところで、味覚性新奇恐怖が生じると、その食べ物の摂取量は少なくなる。その場合、味や風味が「嫌い」・「まずい」ので摂取量が少ないのか、それとも単に不安や恐怖という情動（感情）のために「おいしいけれども」・「嫌いではないけれども」食べることを控えている（「新奇恐怖の表出」）のかどうかは、簡単には判断できない。しかし、一般的には「おいしい」と思われている食べ物であっても、それを初めて経験する動物は新奇恐怖を示す場合がある。ヒト、特に子どもの場合でも同様に摂取する量は少なくなるが、それは初めてみる食べ物に恐怖や不安を感じるので食べることを控えるとか、味・風味、食感が想像できないとか、何となく理由もはっきりしないが見た目が嫌い・不快であるなどの理由がある。これらは、いわゆる食わず嫌いにも共通する部分がある。この「食わず嫌い」は、ヒトでは幼少期・学童期に多い。筆者の子が法事で出された弁当のふたを開けたとたんに、開口一番、「初めてみるわぁ。こわいわぁ。」と言って、いくつかの料理を食べることを頑なに拒んだことがあった。この事例は、新奇な食べ物への不安や恐怖を感じることで、それを食べるのを避けるという食物新奇恐怖の典型である。

「食わず嫌い」や新奇恐怖を軽減するには、さまざまな方法が示唆されているが、一つは「共食」である。親や養育者などの親しい大人が子どもにとって新奇な食べ物を食べる姿をみせることが一法である。子どもは大人をモデルとして食べるものをまねることがあり、特に親密な大人（親・養育者）が食べている様子をみることによって、その新奇な食べ物への新奇恐怖は低下すると言われている。共食において他者の存在や他者の顔表情には、食べる量を増やす効果がある。特に、他者のポジティブな感情表出（例：笑顔）は、食べることを促進する（プライミング効果）。つまり、おいしそうに食べている人をみると、新奇な食べ物でも、それへの不安が軽減したり、おいしそうに思えたりするという効果があると考えられている。他個体からの促進効果はサルでも知られている。味覚嫌悪学習（後述）によってある食べ物を嫌いとなった子ザルにおいて、その学習性の好き嫌いが母ザルの食事内容によって軽減されたという例が第2章に紹介されている。この例からもわかるように、社会の中で生きる個体（個人）の好き嫌いは、周囲の他者、特に、親しい他者の「食べる」からの影響を受ける。げっ歯類においても、個体の好き嫌いは、他個体に伝播することが示されている。[7] ヒトの場合は、生まれてから最も身近な他者という母親・養育者から授乳される（食を与えられる）ので、その時点からヒトでの食は他者との関わりを持つ社会的な営みである。そして、成長するにしたがって、社会的要因からの食への効果が強くなる。幼児であれば、嫌いな食べ物であっても、親しい友達が食べているのをみると食べるようになるという事例もあったりする。つまり、他者との「共食」による食の楽しさや他者からの正の感情は、新奇恐怖の軽減や食わず嫌いの軽減に効果がある。また、食わず嫌いや偏食には、飲み込まずに、口に入れて味や風味を経験するだけでも良いというアドバイスもそれらの軽減に効果があると示唆されている。さらに、一緒に調理をしたり、野菜などの食材を育てて収穫したりすることも効果がある。一方で、叱ることや強要は偏食を助長するとも示唆されている(14)。

不安や神経症などの性格特性を持つ人は味覚性新規恐怖を持つ傾向がある。また、母子の間でも弱いながらも相関することが示唆されている。そのため、何らかの遺伝的な背景原因が考えられている。新奇恐怖と不安には扁桃体やその他の脳部位が関係していることが示唆されている。扁桃体の働きにおける個人差を生み出すような遺伝的要因の解明やその個人差については、今後、さらに研究が進むことを期待したい。

ところで、味覚や食物への新奇恐怖は、いつ、どのようなプロセスによって消えるのだろうか。新奇恐怖が「食わず嫌い」の原因の一つであれば、それが無くなるのかどうかは興味の対象でもあろう。大学生へのアンケート調査によれば、幼少期や学童期に嫌いであったものでも、中学生・高校生になってから、「たまたま食べてみたら、食べられた。」や「食べてみたらおいしかった。」などの回答が多くあった(8)。このように幼児期・学童期から青年期への発達に伴って、食嗜好の変化はしばしば観察されるし、読者にも経験があるかもしれない。しかしながら、その変化の原因は、単に年齢を重ねたことなのか、食べ物への不安・恐怖の感情が発達とともに減ることとなのだろうか。それとも、その新奇恐怖の対象となる食べ物に似た味・匂い・食感などを持つ食べ物を日常的に少しずつ経験してきたことで知らず知らずのうちに味・匂いなどへの安全学習をしてきた結果なのかは不明である。その他の理由もあるかもしれない。子どもの新奇恐怖を低減するには、対象となる食べ物を口にする経験を二十数回行うことが必要とも示唆されている。つまり、単なる生物学的に年を重ねてきたことが原因であるというよりは、日常的にわずかずつ味や匂いなどを経験し、少しずつ安全学習をしてきた結果として、新奇恐怖が低減され、食べることができるようになったと考えられる。この考えを支持するように、動物を用いた研究からも、味覚性新奇恐怖の軽減には、学習機構に関わる脳の中の分子の働きが必要であることが示されている。

5　味や匂いへの嫌悪や嗜好を経験が変化させる——味覚嫌悪学習

食経験や味覚体験が好き嫌いを変えるという典型的な例がある。ヒトや雑食性動物では、ある味のする食べ物を食べた後に、吐き気や下痢などの体調不良を経験すると、その味の食べ物の摂取を避けるようになる（図3-2を参照）。これを味覚嫌悪学習と呼ぶ。[4、16、17、18] 味覚嫌悪学習には興味深い特徴がいくつもあるが、まず、ある味を経験した後に、体調が悪くなるまでかなりの時間が経ったとしても、この学習が成立することが挙げられる。動物実験では、味の経験の後に、体調不良が数時間から十数時間遅れて生じてもその味への嫌悪が獲得されることが報告されている。これはヒトでも同じである。例えば、自分が数時間前に食べたものの味の知覚や記憶は意識からは消えていて、たとえ、その味を思い出せなくても、脳内では、その味の情報と体調不良（内臓不快感）という身体からの情報が何らかの形で連合され、その味への嫌悪記憶が意識の下のプロセスによって作り出されてしまう。筆者の授業で学生に聞いてみると、幼少期・学童期にカニや生ガキを食べたが、その後で吐いてしまったなどの経験から、その後、それらの海産物を食べられなくなったという人もいた。これは食物嫌悪学習である。このような食物嫌悪は、大人になっても強く残ることがしばしばある。そして、その原因が幼少期での食後の体調不良が原因であると覚えている人もいれば、その原因がわからないという人もいる。

動物やヒトでの味覚嫌悪学習は、吐き気や下痢などの内臓不快感という身体的不調が原因と

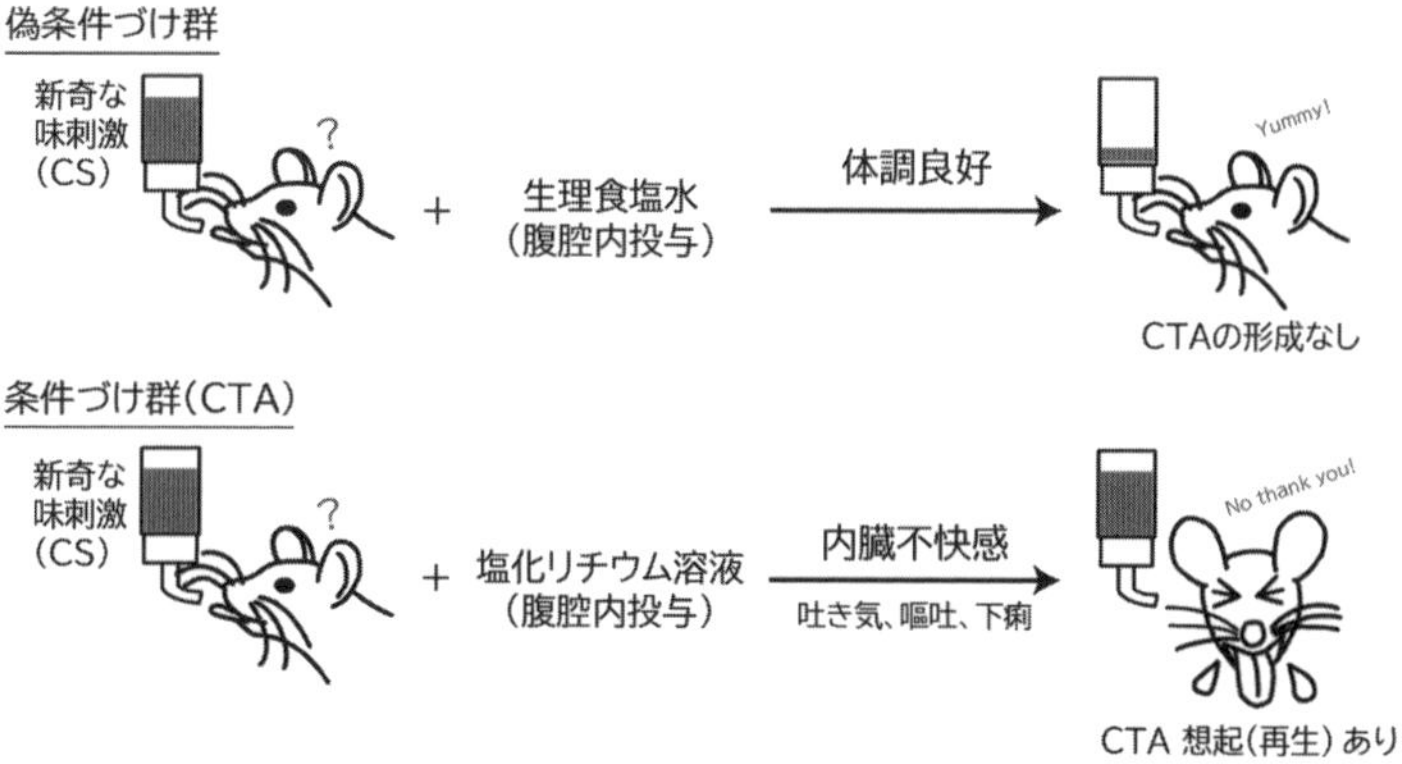

図3-2　ラットにおける味覚嫌悪学習（CTA）の模式図

下段に示されているように、条件刺激（CS）として、新奇な味刺激（サッカリン溶液など）を経験させた後、塩化リチウム溶液をラットに投与すると、ラットは内臓不快感を経験する。体調が回復した後に、再び同じCS溶液を呈示すると、条件づけ操作を経験したラットは、そのCSの摂取を拒む。このような現象をラットが味覚嫌悪学習を獲得したと呼び、ラットがCSを拒むことをCTAが再生されたという。CS摂取の後に、生理食塩水を投与されても内臓不快感は生じないので、サッカリンのような甘い液体は、好んで摂取されるようになる（上段）。図は筆者オリジナルのものである。

なって生じると述べたが、ヒトでは以下の例にあるように特殊な理由で生じることもある。ある学生は、リンゴを丸かじりして食べた時、ふと食べた部分に目を移したところ、そこに虫がいて、その瞬間に、心理的に強い不快感や嫌悪を経験し、それ以来、リンゴが嫌いとなった。それまではリンゴが好きであったのに、このような体験からリンゴへの嫌悪記憶は脳の中に作りだされ、長く残り（保持）、長期記憶となるように固定化されてしまったと考えられる。当時、この学生に身体的な不調はなかったそうなので、虫という対象への心理的な嫌悪が長期的に保持される味覚嫌悪の一因となったと考えられる。このような例は、ヒト特有であるのかもしれない。他章では、食のタブーや食人が述べられているが、現代の多くの日本人は「食人」という状況を想像するだけでも不快感や違和感、嫌悪感を覚えるだろう。この場合の「嫌い」は英語での'dislike'というよりは、'disgust'である。いわゆる「気持ち悪い」「気色悪い」という意味合いを持つ「嫌い」という感情であろう。幼児では虫への嫌悪は弱いが、発達に伴って強くなり、高学年児や中高生では虫に対する「気色悪い」「気持ち悪い」という感情が増えてくるという報告がある。Rozinらのヒトを対象とした研究[11]によると、実験参加者は虫が触れたジュースを、たとえ、その虫が消毒済みであっても、飲むのを拒んだと報告している。また、Birchら（一九八二）の研究[2]では、幼児にあるジュースを飲まなければ遊ばせないと強制し、不快な気分にさせると、そのジュースの味の好ましさが下がったと報告している。また、理屈では説明できない嫌悪や不快気分という負の感情が味覚嫌悪を生み出す原因にもなりうると考えられる。福田（二〇〇八）[6]は快・不快は原始的な情動であり、それらは身体内部の情報や身体状態の変化に関連する脳領域である前脳底部や視床下部の働きにより生み出されていると示唆している。一般に、内臓の不調が原因となって生じた味覚嫌悪学習や食物嫌悪学習には、脳の中の扁桃体の機能が関わっていることを前に述べた。[4]、[16]、[17]、[18]その扁桃体は、身体内部の情報や状態変化に関わる脳部位とも密接な相互連絡を持つため、心理的な不快な情動が生じたことによって視床下部などの脳領域があたかも身体的不調が生じた時と同じような作用を扁桃体に伝えてしまい、結果として、ヒトでは心理的不快感が原因となった味覚嫌悪が形成されてしまうという仮説が考えられる。ただし、本当の脳メカニズムは良くわかっていない。

ところで、体調不良と味覚は脳の中で結びついて、味覚嫌悪学習を生み出すと述べてきた。体調不良にもさまざまなタイプがあるが、食物アレルギーは味覚嫌悪学習の原因とはならないこともありうる。発疹などが生じる食物アレルギーの場合には、味を嫌いになるということよりも、その後の危険を避けるという行動傾向となる場合がある。いわゆる「味は好きだけれども、アレルギーがあるので食べられない」ということである。一方、食あたり・食中毒などが原因で生じる吐き気や嘔吐は味覚嫌悪学習を最も強く形成させる。

さて、強固に作られた味覚嫌悪学習は消えないのだろうか。動物実験では調べられている。味覚嫌悪学習によって摂取しなくなった味溶液を与える時に、給水制限をすることで飲水への欲求を強めてから動物にそれだけを呈示すると、その動物は飲水欲求が強いにもかかわらず少量しかその味溶液を摂取しない。これは味覚嫌悪学習が保持され、表出されたことを表す。しかしながら、実験的に同じ手続きを繰り返し動物に行い、その味溶液を反復呈示していくと、その味溶液の摂取量は徐々に増加していく。この過程を味覚嫌悪学習の消去と呼ぶ。この味覚嫌悪の消去は、味覚への嫌悪記憶が弱まっていくという脳内プロセス、もしくは、その味物質を摂取したとしても体調不良は生じないという安全学習のいずれか、さらに、双方が生じることで起こると考えられている。このように、味覚嫌悪学習の消去は、動物実験では生じさせることができる。一方で、ヒトが自分自身の日常的な食生活において獲得した味覚嫌悪は消去されにくく、一生にわたり保持されてしまうこともある。消去のためには、上記のように、その味の摂取を繰り返し経験する必要がある。しかしながら、さまざまな食べ物が手に入る現代では、ヒトは学習性に嫌悪の対象となった味を持つ飲食物をわざわざ摂取しようとはしない。そのため、味覚嫌悪の記憶を弱めるための、もしくは安全学習を促進させるための味の再経験が不十分となり、結果として味覚嫌悪学習が消去されにくくなる。

6　おわりに

本章では、食べ物・味への「好き嫌い」という一つの例についても、さまざまな原因や理由がありうることを概説してきた。より詳しく知りたい読者は他の文献(16)、(17)、(18)をご参照いただきたい。われわれヒトでは、生き物として栄養摂取のための「食べる」を行うと同時に、社会的な行為としての「食べる」というプロセスの意味合いを持つ。さらに、子どもから大人へという発達上での食嗜好の変化もある。本章では、食経験によって、ある味を嫌いとなる味覚嫌悪学習を紹介したが、その反対に、経験に伴って、ある味を好きになる味覚嗜好学習がある。読者の中にもコーヒーやビールが好きな方々がいるだろう。なぜ、新生児の頃には嫌悪的な味覚口腔顔面反応[1,13]をしていた苦味物質であっても、それを自発的に摂取するようになるのか。味覚嗜好学習の脳内プロセスには未解明な点が多々あるが、詳細は別の機会に述べたい。現代では、おいしい食べ物が溢れているし、それらを好きになっている。さらに他の要因もあり、食べ過ぎること（過食）は多くの人々においてみられる現象となり、肥満や生活習慣病の原因としても注目されている。そのため、その脳基盤の探索は、重要なテーマであると考えられており、筆者らも取り組んでいる。また、本章では、高齢者での「食べる」の好き嫌いには触れることができなかったが、今後の高齢化社会を考えれば、「食べる」に大きな課題が残されているだろう。筆者としては、若年層では好まれる高脂質の食べ物を、どうして高齢者はあまり好まないのかという現象の生理的メカニズムに興味を持っており、その生物学的基盤を研究したいと考えている。さらに、他大学の研究者との共同研究によって、若年層の一部に観られる摂食拒否（拒食症）の背景にある脳・生理機構の探求を始めたところである。

　ヒトの「食べる」は「好き嫌い」一つをみても、その有り様はとても複雑であり、かつ、多面的に考えるべき点がある。また、「食べる」を眺めてみると、別の次元の問題や話題の広がりが生じてくる。例えば、食べ物のまずさへの脳や身体の反応は、不公平感などの心理社会的な負の感情への心身反応のルーツであると示唆する研究がある。[5]つまり、不愉快・対人的不快などという社会的嫌悪感は「食べる」における感情と脳の働きから進化し、派生してきたのではないかという考えである。その他にも、本書の他章においてさまざまな視座からの「食べる」

が取り上げられている。まさに、「食べる」からヒト・人・人間を眺めると、人間の面白さや複雑さ、多様さがわかり、また、人間社会のあり様をより知ることができるとも言えるだろう。

最後に読者に一つの問題提起をして終わりたい。もしも、新生児から高齢者の全ての年代の人にとっての完全栄養食と言える食べ物があるならば、現代に生きるわれわれ人間はそれだけを食べていけば健やかに生きていけるのだろうか。この問には、さまざまな答えや意見があるだろうし、「好き嫌い」の次元からも考えることができる。さまざまな視点から、この問いを考えることが人間科学の醍醐味であると思われるが、さて、読者の皆さんはいかが考えるだろうか。

引用文献

（1） Berridge, K. C.（2000）. Measuring hedonic impact in animals and infants: microstructure of affective taste reactivity patterns. *Neuroscience & Biobehavioral Reviews*, 24, 173–198.

（2） Birch, L. L., Birch, D. D., Marlin, D. W., Kramer, L.（1982）. Effect of instrumental consumption of children's food preference. *Appetite*, 3, 125–134

（3） Behrens, M., Gunn, H. C., Ramos, P. C., Meyerhof, W., Wooding S. P.（2013）. Genetic, functional, and phenotypic diversity in *TAS2R38*–mediated bitter taste perception. *Chemical Senses*, 38, 475–484.

（4） Bures, J., Bermudez–Rattoni, F., Yamamoto, T.（1998）. *Conditioned Taste Aversion: Memory of a Special Kind.* London: Oxford University Press.

（5）Chapman, H. A., Kim, D. A., Susskind, J. M., Anderson, A. K.（2009）. In bad taste: evidence for the oral origins of moral disgust. *Science*, 323, 1222–1226.
（6）福田正治（二〇〇八）：感情の階層性と脳の進化――社会的感情の進化的位置づけ：『感情心理学研究』一六、二五-三五
（7）Galef, B. G. Jr.（1996）. Food selection: problems in understanding how we choose foods to eat. *Neuroscience & Biobehavioral Reviews*, 20, 67–73.
（8）堀尾強（二〇一二）：嫌いな食品の嗜好変化に関する研究：『関西国際大学研究紀要』一三、一一五-一二三
（9）Mennella, J. A., Pepino, M. Y., Duke, F. F., Reed, D. R.（2010）. Age modifies the genotype–phenotype relationship for the bitter receptor TAS2R38. *BMC Genetics*, 11, 60. doi: 10.1186/1471-2156-11-60.
（10）Reed, D.R.（2008）. Birth of a new breed of supertaster. *Chemical Senses*, 33, 489–491.
（11）Rozin, P., Millman, L., Nemeroff, C.（1986）. Operation of the laws of sympathetic magic in disgust and other domains. *Journal of Personality and Social Psychology*, 50, 703–712.
（12）篠原恵介・八十島安伸（二〇一八）：味覚性新奇恐怖に関する研究動向と今後の展開：『大阪大学大学院人間科学研究科紀要』四四、四七-六一
（13）Steiner, J. E.（1974）. Discussion paper: innate, discriminative human facial expressions to taste and smell stimulation. *Annals of the New York Academy of Sciences*, 237: 229–233.
（14）van der Horst, K.（2012）. Overcoming picky eating. Eating enjoyment as a central aspect of children's eating behaviors. *Appetite*, 58, 567–574.

(15) Wooding, S. (2006). Phenylthiocarbamide: a 75-year adventure in genetics and natural selection. *Genetics*, 172, 2015–2023.
(16) 八十島安伸・乾賢・志村剛（二〇一一）．味覚の嗜好と嫌悪に基づいて脳が行う食行動の制御．『食品・食品添加物研究誌 *Foods & Food Ingredients Journal of Japan*』216, 118–128.
(17) 八十島安伸（二〇一三）．食べ物の好き嫌いのメカニズム．『食育フォーラム』一三、一〇–一二
(18) 山本隆（二〇〇一）．『美味の構造――なぜ「おいしい」のか』講談社

参考図書

・**山本隆（二〇〇一）『美味の構造　なぜ「おいしい」のか』講談社**

「おいしさ」に関する体・脳の科学からの解説書。味覚系の構造・機能から味の学習の脳メカニズムに関して、簡単な事実から高度な知見までを網羅してあり、食べ物への好き嫌いを考えるためのヒントが多く盛り込まれている。

・**今田純雄　編著（二〇〇五）『食べることの心理学　食べる、食べない、好き、嫌い』有斐閣**

食べることに関わるさまざまな心理的事柄やメカニズムを紹介しつつ、好き嫌いについても、詳しく述べられている。食べ過ぎなどの心理メカニズムも解説されており、食べることの心理学に興味があれば一読しておくべき書籍である。

・**伏木亨（二〇〇五）『人間は脳で食べている』筑摩書房**

食べ物のおいしさを四つに分類し、著者独自の見解を交えながら、平易に解説している。「脳で食べている」というタイトルが意味するところを読み解いていくと、現代における人間の「食べる」の構造や有り様がみえてくるだろう。

第2部

「食べる」を通じてつながる

第4章　「食べる」ことは「こころ」を映す

――心理療法から拒食と過食を考える――

竹田　剛・佐々木　淳

1　はじめに

私たちは毎日、朝昼晩と決まった時間に食事を摂る。三時ごろにはおやつを食べ、寝る前にアイスクリームを食べる日もある。それは体に栄養を送り、食欲を満たすためである。一人で食べる場合もあれば、友人と話をしながら食卓を囲むこともある。ここでは満足感や安心感が得られるかもしれない。一度にどのくらいの量を食べるか、一日に何回食べるかは人それぞれである。それでも、自分の体と「こころ」を満たすために食べているのは皆同じである。

しかし、中には、全く食事を摂らない人もいれば、一度にたくさんの食べ物を食べようとする人がいる。ここでAさんとBさんの例をみてみよう（本章で紹介する人物や出来事は、全て架空のものである)。

Ａさんは、高校に入って半年が過ぎたばかりの女の子です。仲の良かった友達とは違う学校に来たため、毎日不安を感じていました。そんな中できた新しい友達は、ダイエットを一緒にしないかと誘ってきました。Ａさんはせっかくの友達の誘いなので、やってみることにしました。すると元々まじめな性格が幸いしてか、すぐに二〜三キログラム痩せました。Ａさんはダイエットが面白くなってきました。

それから数ヵ月が経ち、今日も友達と昼食を囲みます。彼女は友達よりも小さめのお弁当箱を開き、ミートボールを一個食べ、卵とお惣菜を少し箸で崩して二〜三口ほど食べ、白いご飯には手を付けず後は残してしまいます。お茶も、唇を湿らせる程度にしか飲みません。Ａさんは、はじめは「ダイエットだよ」と友達に説明していましたが、今は少しでも食べると胃が重くなる感じがして気持ち悪くなってしまいます。でも空腹感は不思議とありません。というより最近はぼーっとしている感じで、あんまり何かを感じたりすることも減っているような気がします。彼女は何となく今の食べ方を続けています。そもそも食べること自体がしたくないことなのに、何をどう変えればいいのかもうわからなくなってしまいました。

Ｂさんは会社に入って三年目の女性です。最近上司から、負担の大きい仕事を担当するよう指示がありました。就業時間がずるずると後ろに延びていきます。おかげで普段こなしている仕事にもミスが出て、取引先に迷惑をかけることが増えてきました。

ある夜の一一時、Bさんは今日も帰り道のスーパーで買い物をします。ロールパンとフレンチトースト、カステラを一袋ずつ。お煎餅とビスケットを一箱。ラスクを一袋、クレープを四つ、ロールケーキを四つ、エクレアを二つ、板チョコを一つ、アイスクリームを二つ。あとは五〇〇ミリリットルの飲むヨーグルトを一パックと、二リットルのお茶を一本買いました。帰宅した彼女は、一時間半をかけてそれを食べきります。いつからか、美味しさを感じることはなくなりました。満腹感もなくなった気がします。でもなぜか甘いものを、これだけの数食べないと食べた気持ちになりません。今はもう深夜一時を回っていますが、Bさんはこれから一時間かけて食べたものをトイレで吐き出します。今夜もまた眠れなさそうです。

このような状態にある二人は精神障害を抱えている可能性があり、Aさんは神経性やせ症、Bさんは神経性過食症が疑われる。神経性やせ症とは、年齢と身長から期待される体重を維持しようとしない状態を指す。神経性過食症は、一度に明らかに多くの食べ物を一気に取り込む一方で、体型を維持するために食べた物を吐き出したり、過度な運動をして帳尻を合わせようとする状態を指す。そして神経性やせ症・神経性過食症の両方が太ることへの恐怖心を持っており、スレンダーな体型を維持することに大きな価値を置いている。(1)重要なことは、これらは単に食欲が小さい・大きいことが問題なのではない点である。問題は、身体がその食べ方に慣れてしまい、本人の意思の力ではもはや調整できなくなっていることである。

この「食べる」にまつわる困りごとの治療法としていくつかの心理療法があり、実にさまざまな考え方や働きかけ方がある。本章では、まず各心理療法が神経性やせ症や神経性過食症をどういう状態だと考え、どのような治療法を提案しているかについて説明する。そしてそれらを通して、臨床心理学が「食べる」という行為をどのように捉えているのかについて考えていく。

2　神経性やせ症と神経性過食症

神経性やせ症の特徴は、食べることについて多くのルールを定め、それに従おうとすることである。例えば「この食物は食べてよい」「この時間は食べてはだめ」という風に細かく定め、いざ食べるにしても今自分がどれだけのカロリーを摂るのかについて敏感である。患者は望み通り痩せた体を手に入れられるので、ルールや敏感さを手放そうとはしない。そうして体重はどんどん減っていく。そして、内臓にも変化が生じ始める。胃や腸は縮んで活動が鈍くなり、食べた後はお腹が重く感じたり、痛くなったりするようになる。また膨満感や腹部の不快感に加えて味覚障害も生じるので、そもそも物を口に入れる気持ちも弱まっていく。こうなると気持ちの上でも体の上でも「食べない」という状態が保たれることになる。

しかし、この状態を長く続けることは実際には難しい。なぜなら、身体が飢餓状態になることで、脳は常に食べることを促す信号を出し続けるようになるからである。そのため患者はいつかはルールを破らざるを得なくなり、食べ始めてしまう。そうすると患者らは「自分を律する力が全然ない」と自分自身を責め、強いストレスを感じるようになる。そしてこの気持ちから逃れるために一時的に多くの食べ物をやけ食いすることから、神経性過食症に転ずると言われている。こうなると、元々身体は食べ物を取り込みたい状態にあったわけだから、止めどなく食べることを要求するようになる。

このように神経性やせ症や神経性過食症が、「食べる」行為について丁度いい具合に調整できる力をなくしてしまう精神障害なのであれば、まずはそれをうまく調整できるように戻す治療法が考えられるだろう。実際、認知行動療法ではそれを行う[3]。この心理療法では、上記に示したような神経性やせ症・神経性過食症のメカニズムを説明し、少しずつ食べる量を増やしたり減らしたりしていくことの大切さを理解してもらう。その上で、何時にどこで何を食べたか、その時の気分はどんなものであったかを具体的に書き留めてもらい、治療者と一緒に状況を把握する。それを基に、患者が取り組めそうなところから食生活を見直し、適切な食べ方を少しずつ実践していく。時には栄養剤を使って摂取カロリーを少しずつ増やしたり、ながら食べをやめたりしながら食習慣の調整も行う。セッション毎に体重を測り、健康な値に近づいているかどうかもチェックする。

しかし、難しいことに、神経性やせ症や神経性過食症はこれだけでは治らないことがしばしばある。というのも、食べることを調整できない体になったきっかけがあることが多いからである。例えば冒頭で紹介したAさんの場合、「新生活が不安に包まれている中で、たまたま始めたダイエットに成功し、それに価値を見出していった」という出来事があった。実際ダイエットを長く続けることで、「自分の体重や体型を維持できているかどうか」だけで自分の善し悪しを決めるようになることがよくある。そうすると、せっかく心理療法を受けて「食べる」ことを調整できたとしても、また「ちょっと太ってきたなあ」「また痩せたいなあ」と思い始めると元に戻ってしまうかもしれない。

そこで認知行動療法では、この偏った評価の基準をならしていく取り組みも丁寧に行う[3]。具体的には、勉強や仕事で成果を上げること、周りの人とうまくやっていくことなどのように生活の中で価値が置かれるものをまず挙げていく。そしてそれらと比較して、理想の体重・体型を維持することや、食べることを制限することがどれくらい重要なのかを考えてみる。多くの場合、患者にとっては、他の何よりも体重・体型維持と食事制限が高い価値をもつことになる。それならばどうしてそこまで重要なのかを振り返り、他のものも大切にしていくにはどうしたらよいかを考える。ここでは自分の考え方の癖を見直し、新しい考え方を練習することも有効な場合がある。

ここまでで触れたように、「食べる」にまつわる困りごとは、単に「食べる」という行為だけが問題になるわけではない。実際、認知行動療法以外の心理療法でも、「食べない」「食べ過ぎる」の背景には何らかの「こころ」の動きがあると仮定している。したがって治療のためには、それらを探し出し、働きかけて変えてゆくことが重要になってくる。

3　パーソナリティの影響

では、どんな「こころ」の動きがあると言われているのか。まずは、人がそれぞれ持っているパーソナリティのあり方が影響していると言われる。例えば、「自分の体重や体型を維持できているかどうか」がその人にとって重要になる理由の一つに、完全主義傾向の強さがある。完全主義とは、達成が難しいほどに目標を高く定め、その目標を達成できるかどうかを重視するパーソナリティのことである。この完全主義傾向を強く持っている人がダイエットを始めると、目標体重や体型をより厳しく設定しがちである。そしてそれを達成できるか、つまり体重や体型を維持できているかに大きな価値が置かれるようになる。

Cさんは神経性やせ症を長年抱えていて、その体重は三五キログラムです。もう五年以上その体重を保っており、一キログラムも変動したことはありません。そのためにCさんは、一日に摂取してもいいカロリーの基準を厳しく設定しています。それを超過しそうになると、その日はもう水も飲まず、薬を飲むことも止めます。それらに含まれている微量なカロリーが、彼女の目標の達成を妨げてしまうかもしれないからです。

神経性過食症のDさんは過食後、食べたものが消化される前に吐き出します。できる限り全部吐き出せるように、自分でルールを定めています。具体的には過食してから三〇分以内に、まず水を入れたコップをきっちり三杯飲みます。その次にトイレに行き、指を喉の奥まで入れて嘔吐を試みます。この二つの手続きを、一時間以内に四回は繰り返せるように努力します。

加えて、他者評価懸念の強さも関係してくる。他者評価懸念とは、他の人から自分がどう見られていてどう評価されているのかを気にするパーソナリティのことで、特に、悪い評価を受けることを恐れる。この心配からくる「人から醜いと思われたくない」という思いが、過剰なダイエット行動に向かわせるかもしれない。神経性過食症に転じてからは、過食は恥ずかしいことと感じて隠れて食べるようになることもある。

自分の体型に不満があったEさんはダイエットにのめり込んでいました。でも人と一緒にご飯を食べる時、食べる量の少なさからか相手に不審な目で見られる感じがします。そのため物を口に入れる時はいつも人目を避けるようになりました。先月からは過食傾向があらわれてきて、ひどく自分を責めています。家で過食をすると、家族にばれた時にひどく惨めな気持ちになるだろうと感じたEさんは、学校の帰りにコンビニでお菓子を買い、人気のない公園で全部食べてから家に帰ります。

4　無意識にひそむ不安

これらのパーソナリティ由来の「こころ」の動きは、いわば本人も自覚できる意識の層で生じている。一方で「こころ」のもっと深いところには無意識の層があり、そこでの動きも「食べる」のあり方に影響を与えている。

神経性やせ症は、思春期の時期に最も発症しやすいが、その時期は無意識のうちで大きな動きが生じる時期でもある。まず、思春期は第二次性徴が起きる時期であり、特に女性は丸みを帯びた体に劇的に変化していく。同時に「自分とは何者なのか」という問いについて考え出す時期であり、今まで自分が信じていた価値観が崩れやすくなる。さらに社会的にも、両親の保護から離れて同年代の友達と自分たちだけで交わることが増える。このような時期は、これまで何年も保ってきた自分のあり方が変わるという意味で多くの不安を生む。

この時期に何らかの成功体験をすると、良い意味でその人の将来に影響する。例えば勉強をして成績が上がれば、より勉強を頑張るようになるかもしれないし、部活動に打ち込む人はスポーツや人とのつながりに関する活動を進んでするようになるかもしれない。それらがその人にとって、無意識のうちに抱えている不安を晴らす武器になっているからである。一方で、このことは、神経性やせ症を抱えることのリスクにもなりうる。つまり、「とりあえず始めてみたダイエットだけど、とても大きな手ごたえがあった」という成功体験をすることで、それが「こころ」の支えになる危険性があるということである。痩せた体を作り、それを保ち続けることは他の人にはなかなか達成できない難しいことなので、それを自分が達成できたら「何でもやってのけられるすごい人物」と自分自身を評価できることになる。また無意識下にある不安をコントロールできるという手ごたえも得られる。加えて、痩せが強まれば性徴の変化も止まり、家族が保護してくれる時間がもっと延びる可能性もある。このことで、そもそもの無意識的な不安に襲われるという恐怖からも解放される。これらの「こころ」の動きが強まることで「自分の体重や体型を維持できているか否か」が過大に評価されるようになり、神経性やせ症が発症すると考えられている。

したがって、無意識に対する治療としては、二つの大きな方針に従って進められることになる。まず一つは、「食べない」状態に走ろうとする行動を止めていくことである。二つ目は、「食べない」状態に走ることで、無意識に自分を「すごい人物である」と捉えようとする動きを手放すことである。これらを同時に進めていき、最終的に「自分に生じる不安や恐怖は誰もが経験している正常な「こころ」の反応である」と受け入れていくことが目指される(4)。

5 対人関係のこじれ

さらに、ここまでで紹介した意識・無意識の「こころ」の動きには、その人がどういう対人関係の持ち方をしているかも影響してくる。例えば、家族関係のあり方は神経性やせ症の発症に影響すると考えられていた。夫婦仲がよくない家庭や、例えば嫁姑問題のように、親自身がその親とそりの合わない家庭があるとする。その家庭では、親は子どもの一挙手一投足に注目し、その良し悪しを細かく評価するようになると考えられていた。このことで子どもは、親からの評価を無視できなくなったり、親から注目されることに敏感になったりする。この密着した親子関係においては、家族メンバーが互いの身体的な変化に敏感になるという。そのため、子どもがもしダイエットを始めた場合、家族に過敏に反応される。このことは、子どもにとっては親から心配してもらえるという意味で得がたいご褒美になる可能性がある。また、親にとっては、夫婦間や自分たちの親との問題から目を背けられるという旨味が生まれる。そのため子どものダイエット行動が維持されると考えられていた(5)。

一方で現在は、家族の持つポジティブな力が注目されている。「食べる」ことについての症状が一番多くあらわれるのは、その症状を抱える患者が生活している家庭の中である。それを見て家族が動揺し、時には感情的に反応し、症状を強引に止めさせようとすることもあるだろう。または家族にとって直視できない問題となり、見て見ぬふりをすることもあるだろう。それらは家族の反応として十分ありえることだが、家族関係は緊張したものとなってしまう。今度は患者がその反応を見て、両親が自分を理解してくれないと怒るかもしれないし、余計に「食べる」に関するルールにしがみつこうとするかもしれない。こうなると「食べる」ことについての症状と家族の動揺との間に悪循環が作られる。しかし、このことは逆に、家族が患者や症状との関わり方を変えることで、症状のあり方も違った方向に変化していく可能性を示している。この考え方に基づいて、家族には動物のたとえを用いて「イルカのように、泳いでいる人を励ましながら並走して泳ぐ関わりが大切。患者が迷った時には水先案内を務め、進歩を見せる時には後ろからそっと背中を押してあげるようなことを心がけましょう」と提案することがある。または「セント・バーナード犬のように、穏やかで落ち着いて、温かく献身的に患者と関わる」ことを促し、その関わり方として具体的にどんなことができるかを考えていく働きかけが有効である[13]。

そもそも家族関係だけではなく、友人関係や職場の人との関わり方などの対人関係の持ち方を広く変えることにも意義があると言われる。人との付き合い方には色々な形があるが、時には相手に期待することが互いにずれてしまう場合がある。例えば親子関係において、娘は母親に対して「自分をケアして保護してくれること」を期待する一方で、母親は娘に対して「責任ある大人として自立した行動をとること」を期待することもあるだろう。そうすると双方が相手に期待する関わりを得づらくなり、結果的に相手に対する怒りが生まれたり、そのずれを解決できない自分を責めたりするかもしれない。そしてこれらが引き金となり、達成感と安心感を得るために拒食に走ったり、ストレスを麻痺させるために過食が強まったりする危険があると言われている。そのため上記の例では、お互いに期待しているものは何かに気づき、それを叶えるためにコミュニケーションの取り方を変えていくか、そもそも相手に期待する内容を叶いやすいものに変えていくことが回復に結びつくと言われる[6]。

以上のように、本節では神経性やせ症と神経性過食症の背景にあるパーソナリティや無意識の動き、家族関係を含む対人関係のあり方について説明した。しかし、このことで「これらがまさに発症の原因である」と言いたいのではない。発症の原因探しによって、むしろ患者は自責感や怒りを強めるだけでなく、孤立感を深め、症状からはもう逃げられないという考えを強めてしまう危険性が十分にある[7]。それよりも大切なことは、「食べる」に関わる問題が今どのように維持されているのかを考え、変化のきっかけにするために変えるべきことを見つけ出すことなのである。

6　「食べる」と「こころ」

「食べる」ということは、われわれとどのように結びついているのだろうか。この問いに答えるべく、本章では「食べる」に関わる精神障害である神経性やせ症と神経性過食症に着目し、それらを臨床心理学はどういう状態であると捉えているのかについて考えてきた。その結果「食べる」の困りごとは単に食行動が偏っているというだけでなく、さまざまな「こころ」の動きと結びついていることが明らかになった。例えば、完全主義や他者評価懸念と結びつき、自己統制感や万能感と関連していることがわかった。また、家族や他者とうまくつながれないことのストレスと結びついて、怒りや自責感からの発散の方法として「食べる」ことに偏りが生じることも確認された。

これらを言い換えると、「食べない」ことも「食べ過ぎる」ことも、自分の存在を支える手段になっている側面があるということである。もちろん、神経性やせ症や神経性過食症を抱えることは心身共に大きな苦痛や負担を生む。しかし、その偏りによって、患者は自己否定感や不安、怒りからほんの一瞬でも解放され、自分は人とつながりを持つ存在であると認識できる。つまり、「食べる」の偏りの背景には、直視すれば自分を保てなくなるほどの、自分の存在に関わる「こころ」の傷つきがあると言える。実際このことは神経性やせ症が世間に知られ始めた頃からすでに言われており、自分のあるがままを受け入れられず、他者と接する際にはいつも

〝偽りの自分〟で接するというあり方が神経性やせ症の本質であると説明されている。そして自分の能力を信頼し、自分の価値を信じられるようになると生活に変化が生じ、それが摂食行動の偏りを元に戻していくと言われている[2]。

近年ではこの傷つきは、〝自分自身をこのままでいいと感じること〟である自尊感情[8]が低くなっている状態として注目を集めている。例えば、自分を否定的に捉える度合いが強ければ強いほど、「自分は太っている」と捉える傾向が強いと示されており、このことが過度なダイエットや過食の引き金となることが示されている[9]。また、完全主義傾向が高く、自身の体重を過重と考えている人のうち、自尊感情が高い人は過食に結びつくことは少ないが、自尊感情が低い人は過食しやすくなることが示されている[14]。そのため近年では「食べない」・「食べ過ぎる」への治療と並行して、患者の自尊感情を高める働きかけも注目されている。例えば、完全主義傾向や他者評価懸念などのパーソナリティの他、対人関係のあり方も見直すことを通して、「今の自分とどううまく付き合っていくか」を患者同士で話し合う取り組みが本邦で行われている[11,12]。

では、どうして自尊感情の低下は、「食べる」の問題にしわ寄せがくるのか。言い換えると、自分の存在を受け入れられるかどうかという「こころ」の根っこに関わる問題が、どうして「食べる」という生物として最も基本的な行動の偏りを生むのだろうか。その理由として、まず「食べる」という行為が誰にとっても身近で日常的なものだから、ということが考えられる。日常的であるがために、体重を減らしてみようと思った時にはまず食べることを調整してみようと思いつくし、また始めやすい。例えば第一節で紹介したAさんは、ちょっと体重を減らすために食べる量を減らす取り組みを始めた。同じようにストレス解消の手段としても手っ取り早く始められるため、Bさんも帰り道のスーパーで食べ物を仕入れるようになった。このように「食べる」行為は、食べる量を増減させたり、食べるものを変えたりすることが容易なのである。またそれゆえに、「食べる」ことに関する新たな取り組みを行っていることは、自分にとっても他者にとっても見てわかりやすい。その分取り組みを行っている本人にとって、それを通して得られる「こころ」と体への快感にも気づきやすい。このような条件の揃った行動は、たとえ思いつきで始めた行動であっても行動のパターンとして長続きしやすいことがわかっている。[10]

そしてこのことは「食べる」のもう一つの特徴を浮き上がらせる。それは「食べる」が日常的である分、その偏りは他者を巻き込みやすいということである。近年では、痩せが強いファッションモデルの出演を控える動きが世界的に広まっている。しかし、痩せている人が美しいという風潮はそれよりも以前から広まっており、文化的な背景とともに根強く支持されている。そのため、他者と比べて痩せた身体を手に入れることは他者からの注目や賞賛を集めることにつながり、その手段として「食べる」ことが利用されやすいのである。そしてその取り組みにのめり込み、神経性やせ症を発症したとしても同様である。というのも人が「食べる」時は、食卓を囲んで誰かと一緒にすることが多いわけだから、摂食行動の偏りは他者の目に映りやすく、他者からの心配や配慮を生み出しやすい。これらの他者の大きな反応は、それが批判のようなネガティブな反応であっても、自分に対して関心が払われていることの証明になり、特に自分の存在を否定的に捉えている個人にとっては安心感を生む場合がある。

これらの特徴を考えると、われわれは自分や他者の「食べる」行為に関して、非常にはっきりしたイメージや「こうあるべき」というルールを持っていることに気づく。しかもこれらは、何を・どれくらい・何回「食べる」かにまで具体的である。例えば、人は「自分は普段夕食にこれくらいの量を食べる」とイメージできるために、逐一カロリーを計算しなくても食べる量を減らしていくことができる。同じように、家族や仲間内で食生活とはこういうものだというルールが共有されているから、メンバーの一人の食べる量が少なくなったりすると人目につきやすくなる。これは人が毎日「食べる」行為と共に人生を積み上げていくからこそ可能なことであると言える。そして築き上げられたイメージやルールは、他者と食卓を囲むことで共に修正され、より強固な常識や文化として共有されていくのである。

このように共有された「食べる」は、人の「こころ」とさまざまな水準でつながっている。まず「食べる」は、物を口の中に入れ、噛み砕いて飲み込む一連の行動として捉えられ、体重・体型をコントロールするための手段として調整される。同様に、「食べる」は無意識下にある不安を減らし、万能感を得るために利用される。さらには家族関係や対人関係のあり方と「食べる」は影響し合う。この行動・無意識・対人関係の三つの切り口は、人の「こころ」の動きを理解するためにしばしば用いられる水準である。このいずれとも深く関わるということは、「食べる」が人の「こころ」の発達や、そのバランスを保つことと関わっていることの証拠である。そのため、「こころ」の不安定さや自己存在のゆらぎの影響を受けて「食べる」は偏り始める。健康な「食べる」の維持のためには、いずれの水準においても健全な「こころ」のあり方を保っていくことが必要になるのである。

Aさんの様子を気にした学校の養護教諭は、休み時間に彼女を保健室に招き入れました。初めはあまり話さなかったAさんも養護教諭の温かい言葉に徐々に心を開き、友達とうまくつながれている感じがせず心細く思っていることを口にし始めました。一方で養護教諭は彼女の身体が心配であると伝え、心身共に健康な生活を送るためにまずは不安な気持ちを安心できる誰かに話して〝荷降ろし〟することを提案しました。現在Aさんはスクールカウンセラーとも話すようになりました。食べる量はまだ大きくは変わっていませんが、以前のように胸やお腹がつかえている感じは減ってきたようにAさんは感じています。

Bさんはインターネットを通して、自分と同じ苦しみを持っている女性がいること、その人は心療内科に通っていることを知りました。勇気を出して受診したBさんは、過食を止められないことの不安や辛さを涙ながらに語りました。医師は、今の症状は自分の気持ちを支える上で必要な松葉杖になっていると伝えました。その上で食べる量を調整していくためには、ただ症状をなくそうとするのではなく、ストレスへの対処法を増やすことが重要であると説明しました。その後、彼女は、一気に過食をなくすことにはこだわらずに、他の気晴らし行動も試しながら食べる量を徐々に減らしています。

7　おわりに

人は誰でも、自分の身体と「こころ」を満たすために食べている。それは「食べる」ことが自分の命だけでなく、さまざまな水準で自分のあり方を支えているからである。「食べる」はわれわれにとって身近な行為であるため、偏りが生じる危険性は誰にでもある。しかし、「食べる」と「こころ」の動きの関係を理解することで、両者を少しずつ調整していくことが可能となる。そんな「食べる」は、人の「こころ」を映す鏡と言えるかもしれない。

引用文献

（1）米国精神医学会（二〇一四）．（高橋三郎・大野裕監訳）『DSM-5 精神疾患の診断・統計マニュアル』医学書院
（2）ブルック・H（一九七九）．（岡部祥平・溝口純二訳）『ゴールデンケージ　思春期やせ症の謎』星和書店

（3）フェアバーン・C・G（二〇一〇）．（切池信夫監訳）『摂食障害の認知行動療法』医学書院

（4）松木邦裕・鈴木智美編（二〇〇六）．『摂食障害の精神分析的アプローチ　病理の理解と心理療法の実際』金剛出版

（5）ミニューチン・S（一九八七）．（増井昌美訳）『思春期やせ症の家族　心身症の家族療法』星和書店

（6）水島広子（二〇〇七）．『拒食症・過食症を対人関係療法で治す』紀伊國屋書店

（7）中村英世（二〇一一）．『摂食障害の語り　「回復」の臨床社会学』新曜社

（8）Rosenberg, M.（1965）. *Society and the Adolescent Self-Image*. Princeton: Princeton University Press.

（9）Stein, K. F., Corte, C.（2007）. Identity impairment and the eating disorders: Content and organization of the self-concept in women with anorexia nervosa and bulimia nervosa. *European Eating Disorders Review*, 15, 58–69.

（10）杉山尚子・島宗理・佐藤方哉・マロット・R・W，マロット・M・E（一九九八）．『行動分析学入門』産業図書

（11）竹田剛・佐々木淳（二〇一六a）．神経性過食症患者に対する自尊感情向上のための集団療法の質的効果．『大阪大学教育学年報』二一，二九－四一

（12）竹田剛・佐々木淳（二〇一六b）．神経性過食症患者に対する自尊感情向上のための集団療法の量的評価．『大阪大学大学院人間科学研究科紀要』四二，二七三－二九〇

（13）トレジャー・J，スミス・G，クレイン・A（二〇〇八）．（友竹正人・中里道子・吉岡美佐緒訳）『モーズレイ・モデルによる家族のための摂食障害こころのケア』新水社

（14）Vohs, K. D., Bardone, A. M., Joiner, T. E., Jr., Abramson, L. Y., Heatherton, T. F.（1999）. Perfectionism, perceived weight status, and self-esteem interact to predict bulimic symptoms: A model of bulimic symptom development. *Journal of Abnormal Psychology*, 108, 695–700.

参考図書

・切池信夫（二〇〇二）『みんなで学ぶ過食と拒食とダイエット――一〇〇〇万人の摂食障害入門』星和書店

摂食障害に関する国内外の研究と実践を、平易な言葉でまとめた入門書。思春期の症例だけでなく中年期やスポーツ選手などさまざまな症例を取り上げており、また家族への助言も豊富で、摂食障害の具体的なイメージを掴むために最良の一冊。

・中村このゆ　編著（二〇一四）『まっ、いっか! 摂食障害――当事者のまなざしから』晃洋書房

摂食障害を抱える当事者らの文章やインタビューが中心に編成され、治療者側とは異なる観点から摂食障害を理解することができる良書。当事者らが、苦しみ葛藤しながら、摂食障害や自分自身を受け入れて生き抜いていく道のりを垣間見ることができる。

・生野照子（二〇〇九）『リストカットの向こうへ』新潮社

摂食障害治療の第一人者による小説で、心療内科医がある患者家族と心を通い合わせる様子を描いている。凄みのある描写から、自己存在の傷つきを抱える人と向き合う上での覚悟と、その先にある感動について考える機会にしてほしい。

第５章　ツールとしての炊き出し
――災害救援における食の意味――

渥美　公秀

1　はじめに

災害が発生すると、災害ボランティアが駆けつけることは社会に定着してきたようである。災害ボランティアと言えば、浸水した家々での泥かきや救援物資の整理、避難所等での炊き出しなどが知られている。家々が片付いてくると、泥かきは終わっていく。ある程度の時間が過ぎると、救援物資も整理・配布されて活動は終わる。炊き出しも、食料調達がままならない時期に被災者の食生活を支える活動であり、食料が入手できるようになって調理も可能になれば終わっていく。ところが、発災から時間が経過し、被災地にも落ち着きが戻ってきたようにみえる時期にも炊き出しが継続されることがある。もはや、被災された方々の空腹を満たすことが主たる目的ではない。では、何のために炊き出しが継続されるのだろうか？ 災害ボランティアは、炊き出しにどんな意味を込めているのだろうか？ 本章では、ボランティアによる炊き出し活動に焦点を当てて、緊急時から復旧へと進む災害救援における食の意味について検討する。そこから、災害ボランティアは何に対応しようとしているのかということについて考えてみたい。

2　災害直後の炊き出し

災害ボランティアによる炊き出しは、災害直後から行われる。例えば、二〇一六年熊本地震の被災地では、被災から三日後には炊き出しが開始された。避難所に弁当が配られている様子が報道されたりするが、それはもう少し後のことである。実際、熊本地震の際には、弁当が配布されたのは早くて地震から一〇日後、遅い地域では、一ヵ月半も経過してからだったという報告がある。甚大な被害が出た災害の場合には、災害救助法の適用によって公費から食費が支給される。食費として個人に配られるのではなく、通常は、行政によって弁当が調達され、避難所に配布される。ただ、公費を使うということから、業者の選定や衛生管理、そして、配送手続きなどに時間を要するため、供給までに時間がかかるという。さらには、避難所ごとに、弁当の中身に差があってはいけないなどと平等性に配慮するためか、すべての被災者に対して一律に、コンビニで調達したおにぎりが配られるだけという事例もあったりする。弁当であれ、おにぎりであれ、食料が不足し、また、単調な食生活が続くこの時期は、災害ボランティアによる炊き出しが、重要な食料供給活動であり、かつ、食生活を少しでも豊かにする活動となる。

災害直後の炊き出しには、さまざまな注意が必要である。まず、衛生管理の問題に対処しなければならない。実際、夏の暑い時期に発生することの多い水害の場合など、炊き出しの食料から食中毒が発生した事例も報告されている。炊き出しを行う災害ボランティアは、保健所の許可を得て、その指導に従うのが原則である。最近では、派遣栄養士による炊き出しの衛生状況監視循環も行われている。

避難所に避難した住民は、当然ながら多様であるから、さまざまな配慮が必要である。例えば、アレルギーに対応した食事を提供できているか、高齢者や乳幼児など災害時要援護者が無理なく食べられるメニューになっているか、宗教上の教義に気を配っているか、といった事柄には十分な気遣いが必要であろう。また、連日炊き出しが続いているなら、同じメニューが続いていないかといった確認も怠るわけにはいかない。

災害直後、避難所はまだ混乱しているが、避難所の様子を十分に把握せずに炊き出しの計画を立てたりすると、供給量と避難所での需要とが合致しないことがある。例えば、三〇〇食を炊き出ししたいと言って被災地に行っても、それだけの数の食事を受け入れられる大規模な避難所がないということが起こる。また、メディア等で知られるようになった避難所では、連日の炊き出しが行われるが、周辺の目立たない避難所ではまったく行われないといったことも起こる。また、避難所ばかりが注目され、調理のできない不便な生活を強いられつつも自宅で生活している住民には何も食事が配られないこともある。また、連日の炊き出しとなると、それが無料であるだけに、「配給」や「施し」という言葉を連想して炊き出しを受け取らない人々もいる。このように、災害直後の炊き出しには、実に多様な配慮が求められる。炊き出し活動のコーディネートや、他の活動との組み合わせを考えるなど、調整と工夫が必要である。

さて、災害直後からの炊き出しの推移については、日本災害食学会顧問である奥田和子氏の新著『本気で取り組む災害食』[7]が参考になる。氏の指摘を参照しながら、炊き出しにおける注意点を時間の経過に沿って整理してみよう。通常、炊き出しの頻度は、時間の経過に沿って減少していく。ただし、時期に応じて、注意すべき点が異なる。まず、発災直後から三日間ぐらいは、水や熱源がないため、米や乾燥野菜は、仮に備蓄していても、食べることができない。この期間については、事前に事態を想定し、工夫を凝らした食料を備蓄しておかなければならない。例えば、水分を加えることによって食べることのできるアルファ化米は、種類も増えてきており、水と共に備蓄しておくとこの時期にも活用できる。ただ、アルファ化米は、水で戻すよりも、野菜ジュースなどで戻すと、より多様で美味しく栄養に富んだ食となるため、多様な水分を備蓄しておくことが推奨される。次に、災害から一週間程度が経過すると、電気が回復する場合が多いので、通常の米を炊飯できるようになるし、お湯を沸かしてレトルト食品なども食べることができる。災害ボランティアによる炊き出しも始まってくる。この時期の炊き出しは、単調になりがちな食生活を支える活動であると位置づけることができよう。そして、災害から一ヵ月ほどが経過すれば、ある程度の落ち着きを取り戻しつつあることが多いので、食生活についても、栄養への配慮や健康被害の軽減など徐々に通常の対応へと移行していく。

災害直後の炊き出しを地域防災の観点から見れば、各地域では、災害ボランティアによる炊き出しや公費による弁当配布を期待する前に、まずは、災害後の生活の時間的経緯と利用可能な調理方法などを把握し、食料を備蓄しておくことが必要であろう。その際、災害時要援護者に配慮しつつ、適切な食材、また可能であれば、地域住民の好物を備蓄する、生鮮野菜は無理でも野菜ジュースなどで代替しアルファ化米の調理に活用するといったさまざまな知恵を学び、工夫を凝らしておくことが推奨されている。

災害直後の炊き出しは、さまざまな配慮が必要である。ただ、この時期の炊き出しは、基本的には、食糧供給であるから、多くの人々の空腹を満たせれば目的が達せられたようにみえるし、実際には多くの炊き出しは、ここで終了となる。

3　その後の炊き出し——何のために？

ここまでの記述から、災害発生後約一ヵ月程度が過ぎれば、食料供給を目的とした炊き出しは徐々に必要ではなくなってくるというのが自然であろう。ところが、被災地の状況がある程度落ち着いてきた後でも、実は、炊き出しが行われている。無論、この時期の炊き出しも災害直後の炊き出しと同様に、衛生管理をはじめとする前述のさまざまな配慮はなされている。ただ、この時期の炊き出しには、災害直後の炊き出しとは異なる目的が加わってくる。その結果、多様な炊き出しが行われる。ここでは、筆者自身が参画した二つの事例を検討してみよう。

事例一　東日本大震災の被災地　岩手県野田村にて

東日本大震災から三ヵ月ほどが経過した二〇一一年六月、津波によって街の中心部が甚大な被害を受けた岩手県野田村で行った炊き出しの事例である。その年の五月に地元の中学校の校庭に仮設住宅が完成し、一二八世帯が入居した。野田村には、救援に駆けつけた災害ボランティアらが緩やかなネットワーク組織である「チーム北リアス」を設立しており(1)、そこに集った災害ボランティアは、避難所から仮設住宅への引っ越しを手伝い、入居者と顔見知りになっていた。しかし、災害ボランティアが住民の被災状況を詳細にわたって把握しているわけではなかった。

チーム北リアスでは、事前に炊き出しの日時を記したチラシを全戸配布し、その日、仮設住宅の一画で炊き出しを行った。この日は、兵庫県西宮市に事務所を構える認定NPO法人日本災害救援ボランティアネットワークが中心となって行ったため、関西から駆けつけた災害ボランティアたちのアイデアで、メニューは、お好み焼きとたこ焼きになった。お好み焼きソースは本場関西風であり、たこ焼き器は関西から〝本物〟が持ち込まれた。炊き出しには、チーム北リアスのメンバーも加わった。例えば、青森県八戸市から来ている災害ボランティアの中には飲食店を経営する方もいて、実に手際よくお好み焼きが焼き上がっていく。ふと見ると、仮設住宅に住む子ども達もたこ焼き器に興味を示し、災害ボランティア達を手伝っていた（図5－1）。

図5-1　野田村立野田中学校仮設住宅での炊き出し

お好み焼き・たこ焼きを受け取る長蛇の列が短くなってきた頃、焼き上がったお好み焼きとたこ焼きは配布用のパックに詰められていく。そして、災害NPOのコーディネートで災害ボランティア達が、地図を見ながら、炊き出しに出てこられなかった方々の部屋にパックを届けていった。訪問した先では、会話が始まる。人数を尋ねて手渡ししながら、炊き出しに出てこれない事情があったのかどうかといった話をさりげなく聞く。その間に、玄関先に車いすがあるか、部屋の奥に日本酒やビールの瓶や缶が転がっていないかなどもサッと見る。

さて、この炊き出しには、この時期特有の工夫がなされていた。お好み焼き・たこ焼きを渡す時に、何人分が必要かということとともに、仮設住宅の何棟の何番に住んでいるかを告げてもらったのである。災害ボランティアは、仮設住宅の地図を手元に準備しており、先ほど得た情報を記入していく。すると仮設住宅のどの家に何人の方々が住んでいるかが一目瞭然となる。災害ボランティアは、炊き出しの周辺で入居者と一緒に食事をする中で、さまざまな会話を展開し、自然と関係が形成される。

実は、この炊き出しに組み込まれた新たな目的は、炊き出しを仮設住宅の人々との関係づくりの第一歩とするというものであった。そうした関係を築いていくことが、その後の長期的な支援活動の展開に向けて何としても必要であるという判断からである。具体的には、どこにどなたが入居されたのか、入居後は元気にされているのか、そんなことを知ることが第一歩となる。ここで大切なことは、そうした情報を行政等の資料を見て把握するのではなく、また、突然仮設住宅を訪ねていって調査するのでもなく、炊き出しを介して、災害ボランティアと被災者が、食事をしながら自然と言葉を交わしながら得ていっていることである。炊き出しによって、自然な会話の場が作られている。また、炊き出しに参加されなかった住民にも、炊き出しを届けるという形で、各戸を訪問し、自然な会話を行う場が作られている。こうして得られた情報は、その後の長期的な支援活動へとつながる。災害ボランティアが現地に継続的に滞在する場合には、炊き出しをきっかけとして言葉を交わす機会を増やし、関係を深めていく。一方、時々現地を訪問する災害ボランティアの場合には、チーム北リアスが現地事務所に設置したロッカーに厳重に保管した情報を、チーム北リアスの代表らとの合議によって、必要に応じて慎重に引き継ぎ、活用していった。

事例二　熊本地震の被災地　熊本県益城町にて

二〇一六年四月に発生した熊本地震で最も被害が甚大であるとされた益城町で行った炊き出しの事例である。発災から三ヵ月ほどが経過した七月三〇日、ある仮設住宅の集会所がオープンすることになった。その仮設住宅には、それまでに避難所訪問や、街中でふとしたことから出会った方々が入居されていた。当日、認定NPO法人日本災害救援ボランティアネットワークの呼びかけで災害ボランティアが集まった。まず、大量の米が炊かれた。そして、次々と塩おにぎりが握られていく。できあがったおにぎりには、とろろ昆布が巻かれて渡される。集会所にはまだ囲んで座れるようなテーブルが届いていなかった。そこで、段ボール箱をつなぎ合わせて、急ごしらえのテーブルが作られ、おにぎりを受け取りに来られた入居者は、そのテー

図5-2　熊本県益城町の仮設住宅集会所での炊き出し

ブルを囲んで、災害ボランティアと会話を楽しみながら、おにぎりを頬張っている（図５－２）。

おにぎりを食べながら人心地着いた頃、おもむろに炊き出しを主催した災害ＮＰＯの担当者から、この炊き出しは、災害ボランティアとして参加した大阪大学の学生が中心となって行っていることが紹介された。そして、別の災害ボランティアが立ち上がって説明を加えた――「米は、二〇〇七年中越沖地震で被災した新潟県刈羽村の米です。この日のために刈羽村から届けて頂きました。塩と昆布は、東日本大震災で被災した岩手県野田村の特産品で、私自身が持参しました。」ここで説明しているボランティアは、遠く野田村から駆けつけた方である。集会所は拍手に包まれ、会話はさらに盛り上がっていき、継続的にこの集会所を中心として支援活動が展開されることになっていった。

当然ながら、栄養面から言えば、おそらく産地によって米や塩や昆布の栄養価が劇的に変わる訳ではあるまい。何も刈羽村の米でなくても、野田村の塩・昆布でなくても、そもそもこのように簡単なメニューであれば、それぞれの家庭で作って食べることができる時期である。この炊き出しにも、緊急時とは異なる目的が加わっていた。

まず、仮設住宅に入居した頃から、被災者にとっては、復旧復興への取り組みが現実的になってくる。しかし、ほとんどの場合、初めての取り組みばかりである。もちろん、行政にはさまざまな制度や仕組みが準備されているし、その説明会なども精力的に開催される。しかし、即座に理解できる事柄ばかりではないし、大きな決断を迫られる事柄もあれば、近隣する人々と相談しなければならない事柄も多い。そして、報道をはじめとしていわゆる世の中の関心は日に日に薄まっていく。そんな時期、仮設住宅での生活を継続的に見守ってくれる人々、特に、被災経験者が存在することの意義は大きい。実際に相談をすることはなくても、どこかにそういう人々がいて、関心を払ってくれていることを知ることが支えになる場合がある。このように考えると、過去の被災地から、現在の被災地へと送られた米や塩・昆布は、単なる米ではなく、単なる塩・昆布でもなく、被災経験者の存在を象徴的に示すものである。炊き出しの主催者にとって、この炊き出しの目的とは、被災からの復旧・復興を相談できる経験者の存在を知ってもらい、その方々との関係を構築していくきっかけを作ることである。

一方、米や塩・昆布を届けた過去の被災地の人々にとっても、この炊き出しは深い意味を持つ。ここには、被災地のリレーと呼ばれる現象[1]がみられる。すなわち、全国から支援を受けた阪神・淡路大震災の被災地の人々が、二〇〇七年新潟県中越沖地震で被災した刈羽村で救援活動を展開した。その後、刈羽村の人々は二〇一一年東日本大震災で被災した岩手県野田村の人々を支援した。そして、今度は、野田村から熊本地震の被災地への支援が展開されたわけである。過去の被災地から、次の被災地へと支援が連鎖していく現象を被災地のリレーという。筆者らは、その心理的なメカニズムに関するフィールド研究、(2)社会調査による実証研究、(5)さらには、被災地のリレーの拡散に関するシミュレーション研究(4)などを展開してきたが、ここに紹介した事例は、その具体的な場面である。

4　ツールとしての炊き出し

ここまでの東北と熊本の二つの事例によって、災害直後の炊き出しとは異なる目的を持った炊き出しがあることを紹介してきた。一つ目の事例では、炊き出しが、被災者と災害ボランティアとの関係づくりのきっかけとなっていた。二つ目の事例では、炊き出しに用いた食材を介して、過去の被災地から現在の熊本の被災地に関心を払っている人々が存在することを知ってもらい、やはり関係を作っていくきっかけとなっていた。整理すれば、二つの事例は、災害直後、食料を供給し、食生活の安定化に寄与していた炊き出しとは異なり、被災者と災害ボランティアが会話を通じて関係を築いていくためのツールとして機能している。

これまで、災害ボランティアは、会話を通じて被災者と関係を築いていくきっかけを生み出すことを目的としたツールを開発してきた。中でも最も広く行われているのは、足湯活動である。足湯は、被災者に適温の湯の入った盥《たらい》に足を浸けてもらい、向き合う姿勢で座った災害ボランティアが足や手をさすりながらさまざまな会話をするという活動である。足湯は、足が心地よいというだけではない。むしろ、足湯を通じて被災者の身体と心にそっと触れ、会話をすることから、被災された方々のつぶやきを聴くことができるという点に特徴がある[3]。

また、復興期などに被災者と災害ボランティアとの会話を生み出すために用いられるツールとして、復興曲線[6]がある。復興曲線は、被災者に、自分の気持ちの浮き沈み、地域の雰囲気の変化などについて、災害ボランティアの前で、曲線を用いて描いてもらう手法である。まず、直行する二つの直線（横軸 x 軸と縦軸 y 軸）が描かれたA4サイズのシートを準備し、提示する。そして、「横軸は地震から今までの時間軸、縦軸は地震からこれまでの盛り上がりや落ち込みの軸です。発災の日からの状態を曲線にして描いてみてください」と説明し、曲線を描いてもらう。x 軸には、具体的な時間や日付に関しては何も記入しない。また y 軸に関しても具体的な値などは書かない。ただ、原点が発災の日時ということだけが指定されている。

災害ボランティアは、被災者が曲線を描いている途中、あるいは、描き終わってから、曲線の大きく変化するところについて、なぜ曲線が上がっていく（下がっていく）のか、また、屈折点ではその時何があったのかといったことを尋ねていく。ポイントは、曲線や軸の正確さではなく、描かれた曲線を巡って、被災者と災害ボランティアが対話を行うことができるきっかけを生み出すことである。実際、曲線を前にした被災者は、その当時を思い出しながら、実に雄弁に語り出す場合が多い。そして、復興曲線の変化という事に託して、自身の、また、地域の今後の変化や将来の希望なども語られる。

実は、本章で紹介してきた炊き出しも、こうして災害ボランティアと被災者との会話を生み出すツールの一つとして位置づけることができる。これらのツールが有効であることは、そのツールを使わなかった場合を考えるとわかりやすい。足湯の準備をせずに、被災者に「さぁ、何か世間話をしましょう」と持ちかけることは極めて不自然であり、会話などが生まれるはずもない。また、復興曲線を提示せずに、被災者に、「被災直後からの体験を話して下さい」と持ちかければ、会話は始まるかもしれないが、いわゆる通り一遍の話になることが容易に想像できる。また、知人やメディアや災害ボランティアらに何度も同様の話をしてきた被災者であれば、相手が興味を持つような事柄だけを端折《はしょ》って伝えたりするだろう。

炊き出しも同様である。災害ボランティアが、炊き出しをせずに、いわば手ぶらで各戸を訪問し、入居場所と人数、および、直面する諸問題についてインタビュー調査などをしていたら、おそらく、対応してくれる住民は多くはなかったであろうし、災害ボランティアが不審者だと思われる場合さえ生じたかもしれない。また、仮に過去の被災地の人々が、お礼の気持ちを込めて被災地を訪問する際に、仮設住宅生活に関する講演会などを開催してもどれだけの人々が参加するのか疑問である。しかし、地元の食材を届けつつ炊き出しを行えば、自ずと会話が弾み、そこには、さまざまな知恵が語られることになる。このように炊き出しは、災害ボランティアと被災者が会話を通じて関係を構築していくためのツールの一つなのである。

5 災害ボランティアが目指すこと

ではなぜ、災害ボランティアは、被災者と会話を通した関係の構築を行うのだろうか。足湯、復興曲線、そして、炊き出しなどをツールとして使ってまで、被災者との会話を介した関係を重視するのはなぜなのだろうか。最後にこの点を考えてみよう。

災害ボランティアは、被災した人々のニーズに対応しようとする。具体的には、災害ボランティアと言えば、災害直後の瓦礫《がれき》の撤去や泥かきといった作業に従事する姿がよく報道されるし、実際、多くの人々がこうした活動に参加されてきた。また、避難所や仮設住宅を訪問し、被災された方々の話に耳を傾ける傾聴活動や、遊び場を失った子ども達と遊んだり、身体を動かす機会が乏しくなることを避けるためにさまざまな体操などの運動の機会を提供したりする活動など実に多様に展開されている。どの活動も、被災者のニーズに対応することが目的である。

災害ボランティアが、他のボランティアと大きく異なるのは、災害が発生する前にはまったく見ず知らずの人々と、言葉を交わし、さまざまなニーズを聴き取り、支援活動を提供していくことである。ところが、見知らぬ人々と、言葉を交わし、会話を通してニーズを知ることは、そう容易ではない。まさか、「会話しましょう」と語りかけたり、「ニーズは何ですか」などと問いかけたりというようなことでは、被災者の状況を把握することはできまい。会話を開始するための、自然なきっかけが必要である。いや、悠長に会話などを介して関係を作るなどしなくても、被災者にニーズを問い質せばよいと考える向きもある。被災者に何が必要かと尋ね、被災者から得られた事柄がニーズであり、災害ボランティアはそれに応じればよいのではないかというわけである。しかし、ニーズはそう簡単にはわからないし、そんなことで把握できる程度のニーズであれば対応は容易である。ここでは、少しニーズについて理論的に考えておこう。

　被災者のニーズは、一見、被災者の側（被災者の内部）にあるように思える。もしそうであれば、被災者のニーズを把握するには、被災者に尋ねればよい。ただ、実際に、被災者に会ってみると、わかりやすいニーズとそうでないニーズに戸惑うことになる。例えば、全壊した自宅の前に呆然と立っておられる被災者に会ったとしよう。もちろん、住宅復旧というあまりに明らかなニーズが把握される。と同時に、言葉にはならない悲しさや悔しさの中で戸惑うばかりの被災者の姿が残る。事実、被災者にとってみれば、何がニーズかなどと問われても応えようがない。実は、被災者に尋ねなくてもわかるニーズや、被災者に尋ねてみればわかる程度のニーズであれば、対応は簡単である。そうではなく、このように探しても見つからないニーズをどう捉えればよいのかということこそが課題である。

ここで、筆者が専門とするグループ・ダイナミックスの考え方を紹介しておこう。グループ・ダイナミックスでは、私たち個人個人の内部に「心」が内蔵されているとは考えない。心は、眼前の、過去の、あるいは、未来の他者との間で紡ぎ出されると考える。言い換えれば、心は一人ひとりの身体の中にあると考えるのではなく、向き合っている人との間にあると考える。被災者のニーズについて考える場合にも、ニーズが被災者の内部にあるとは考えずに、被災者と、被災者が向き合う相手（例えば、災害ボランティア）との間で醸し出されるのだと考える。このことは何も不思議ではない。被災者になった途端、被災者の内部にニーズなるものがくっきりとした輪郭をもって現れてくるのではないし、被災者には朧気《おぼろげ》に見えつつもそれが何であるのかわからずにいることがニーズであったりする。

では、この立場に立てば、被災者と災害ボランティアとの間にあるニーズは、どのように捉えることができるのだろうか。被災者のニーズと言われてきたことは、被災者の内部にあるのではなくて、ニーズは、被災者と災害ボランティアとが一緒になって作り上げていくのである。作り上げるというのが不自然であれば、被災者と災害ボランティアが一緒になって発見していくのだと考えてもよい。それは、何気ない会話を通して、両者の関係が積み重なっていく過程で醸成されていく。そのためには、災害ボランティアは、被災者の「ただ傍にい」て、会話のきっかけを捉え、臨機応変にさまざまな言葉を交わしていく必要がある。

災害ボランティアが、被災者のただそばにいる時間がある程度積み重なってくると、被災者から小さなつぶやきが聞こえることがある。被災者にとってみれば、次々と展開する毎日に翻弄される中で、ただ傍にいてくれる災害ボランティアの存在は、現状を見つめる契機となりうる。そのことによって、おもむろに語り出せることがある。被災者のつぶやきは、被災者が内蔵していたニーズをようやく口にしたというよりも、ただ傍にいる災害ボランティアとともに時を過ごした先に探り当てた事柄なのであろう。災害ボランティアは、こうして醸し出されたニーズに対応していくことを目的として被災地を訪問し、関係を築いていくのである。炊き出しは、そうした関係を築き、維持していくきっかけとなるツールの一つなのである。

もちろん、一回の炊き出しで関係が構築されるわけではないが、炊き出しというツールによって、言葉を交わす関係が生まれ、そこから長い時を経ながらニーズが共同構築される。そして、災害ボランティアは、そうして醸し出されたニーズに対応していくことを目指すのである。

6　おわりに

被災者と災害ボランティアとの会話のきっかけとなった炊き出しは、実際に、多くの会話を生み出し、災害ボランティアと被災者との関係はずいぶんと深まっている。その一例として、事例一で紹介した炊き出しに続く事例[8]を紹介して本章を閉じよう。

集会所がオープンした時の炊き出しから数ヵ月後、熊本県益城町の同じ仮設住宅集会所では、地元の高齢の女性が地域の伝統的な料理である「だご汁」を作っていた。最初の炊き出しに参加した災害ボランティアは、何度もこの集会所に通いながら、入居者との信頼関係を築いていっていた。ある時、高齢の入居者から、この地域には「だご汁」があることを教わった。しかも、教えてくれた住民は、「仮設に入れば、もう作れないと思っていた」という。そこで、今度は、その高齢の入居者と、同じく高齢の友人達が炊き出す側になって、災害ボランティアである彼に「だご汁」を作ってみせるという場が、両者の共同作業として立ち上がったのであった。できあがった「だご汁」は、入居者と災害ボランティアとが一緒になって味わったという。炊き出しが会話のきっかけとなり、その後会話を介して関係を深める中で、「だご汁」を作るというささやかなニーズが生まれ、そのことに細やかに対応していった事例である。

災害救援における炊き出しを介した食の意味とは、このようにして、災害ボランティアと被災者がニーズを醸成し、それに協働で対応していく契機を作ることである。

引用文献

（1）渥美公秀（二〇一四）．『災害ボランティア　新しい社会のグループ・ダイナミックス』弘文堂

（2）Atsumi, T.（2014）. Relaying support in disaster-affected areas: the social implications of a “pay-it-forward” network. *Disasters*, 38（s2）, 144–156.

（3）渥美公秀（二〇一五）．戸惑いながら向き合う．似田貝香門・村井雅清（編著）『震災被災者と足湯ボランティア』二五五–二五七　生活書院

（4）大門大朗・渥美公秀（二〇一六）．災害時の利他行動に関する基礎的シミュレーション研究　一九九五年と二〇一一年のボランティアでは何が違ったのか．『実験社会心理学研究』五五、八八–一〇〇

（5）Daimon, H., Atsumi, T.（2017）. “Pay it forward” and altruistic responses to disasters in Japan: latent class analysis of support following the 2011 Tohoku Earthquake. *Voluntus*（2017）. doi.org/10.1007/s11266-017-9880-y

（6）Miyamoto, T., Atsumi, T.（2011）. Visualization of disaster revitalization processes-collective constructions of survivors’ experiences in the 2004 Niigata Chuetsu Earthquake. *Progress in Asian Social Psychology*, 8, 307–323.

（7）奥田和子（二〇一六）．『本気で取り組む災害食　個人備蓄のすすめと公助のあり方』同時代社

（8）崎浜公之（二〇一七）．『被災者と災害ボランティアの共生を目指して　熊本地震の現場から被災者のニーズを問い直す』インプレスR＆D

参考図書

- 渥美公秀（二〇一四）『災害ボランティア　新しい時代のグループ・ダイナミックス』弘文堂

東日本大震災直後から、著者が、研究者、災害NPOのメンバー、災害ボランティアとして行った現場研究を紹介し、グループ・ダイナミックスの視点から理論的・実践的考察を行っている。

- 渥美公秀（二〇〇一）『ボランティアの知　実践としてのボランティア研究』大阪大学出版会

阪神・淡路大震災で被災した著者が、「災害ボランティア元年」を身をもって体験し、現場でいかに理論的に考え、研究室でいかに実践的に考えればいいのか自問自答を繰り返した記録。読みやすいブックレット。

- 矢守克也・渥美公秀・近藤誠司・宮本匠（二〇一一）『防災・減災の人間科学　いのちを支える、現場に寄り添う』新曜社

災害救援、復興支援、地域防災の場面で出会うさまざまな言葉（用語）について、通り一遍の解説ではなく、理論的・実践的にじっくりと考えて、簡潔にわかりやすく説明。もう一歩先を考えてみようとする読者に。

第６章　エンデの村で食べること
——インドネシア東部でのつながりのある暮し——

中川　敏

１　はじめに

この論文で、私は、私の調査地エンデの事例を通して、とりわけ「食べる」ことを通して、エンデの社会を文化人類学的に紹介してゆきたい。私は一九七九年から始めて、四〇年近くエンデの人々の暮しを追っている。その間にさまざまな意味で変化が起きている。この論文では一九九〇年代前後を「民族誌的現在」として語ることとする。この章の対象はエンデの社会であり、切り口は文化人類学である。この節では、この二つ、すなわち対象と切り口について簡単に紹介しよう。

エンデはインドネシアの東部、フローレスと呼ばれる島の中央に住む人たちの名である。フローレス島は四国くらいの大きさの島であり、人口は一〇〇万人ほどである。この小さくそして人口もさして多くない島に、数え方によるが、五から一〇ほどの言語が喋られている。エンデはその一つの言語（エンデ語）を喋る人たちである。エンデの人口は一〇万人程度、生業は焼畑である。

文化人類学を特徴づける考え方の一つに「文化相対主義」と呼ばれる考え方がある。この論文では、エンデの文化を紹介する中で、文化相対主義の考え方の片鱗を示せればと思っている。「相対主義」と言うのは、「それぞれがそれぞれに」ということだ。ある高校の生徒たちを考えてみよう。鈴木くんはよい成績をとることをとりあえずの目標にして学校に来ているとしよう。彼の成績はどれも平均以上だ。とりわけ英数国の成績はたいへんに優秀である。もう一人の学生、中村くんはいずれスポーツ選手になることが夢だとしよう。あなたは鈴木くんの数学の成績のよさを褒め、中村くんの一〇〇メートル走の速さを褒めるだろう。あなたは、それぞれを、それぞれの目標を基準にして評価しているのだ。正しいやり方である。中村くんの自らの目標を無視して、彼の英数国の成績で、中村くんが鈴木くんより「下」であるなどと評価するのはおかしいのだ。

しかし、社会や文化が単位となるとこのような当たり前であるはずの相対主義がないがしろにされることがある。自分の社会の基準で他の社会を評価してしまうのだ。

2　「貧しさ」って何だろう？

この章で問題にしたいのは、豊かさ・貧しさという評価である。私たちは、私たちの基準だけで他の社会・文化を評価していないだろうか——これが、「豊かさ・貧しさ」という考え方を通して私があなたに問いかけたい疑問である。

(1)　国際貧困ライン

「東南アジア」ということばを聞いて、「貧しさ」という語を連想する人は多いだろう。インドネシアという国は「開発途上国」に分類される。開発が行き届いていない貧しい国である、というわけだ。インドネシアの中でも、フローレス島のあるNTT州は「遅れた州」として認知され、実際、エンデの中のいくつかの村は「開発に取り残された村」という指定を、中央政府から受けている。

「豊かさ」・「貧しさ」とは何だろうか？　最も有名な定義は世界銀行による国際貧困ラインであろう。二〇一五年に改訂された基準によれば、そのラインは「一日一・九〇ドル」とされる。これよりも下の支出をする人々が「貧しい人々」とされるのである。この基準を使えば、（フローレス島のある）NTT州はインドネシアの中で貧困ライン以下の人数が最も多い州の一つとなる。このような数字を聞いて、あなたはエンデをかわいそうな人たちだと思うかもしれない。

私がこの章で主張したいのは、エンデの人は貧しくはない、すくなくとも彼ら自身の基準に照らせば貧しくはないのだ、ということである。その基準からすれば、むしろ、日本の私たちのほうがかわいそうな人なのである。

(2)　石器時代の経済学

鈴木くんと中村くんの話を思い出して欲しい。異なった基準が問題なのである。二人を共通に、例えば数学の成績だけで順番をつける、あるいは一〇〇メートル走の速さだけで評価することのおかしさを思い出して欲しいのだ。

私が暗示しているのは、文化・社会によって評価の基準が違っているということである。世界銀行の基準はお金であった。私たちはすべてをお金に換算して評価しがちである。モノの価値をその価格で、サービスをその代価で、さらには、ある人間の価値を受け取っている給料で判断することに慣れている。マーシャル・サーリンズという人類学者は、「原始の豊かな社会」(1)という論文において、お金ではないあらたな豊かさの基準を提唱する。それは時間である。食べるために必要とされる働く時間が多ければ多いほど「貧しい」社会であり、それが少なければ「豊かな」社会であるというのだ。簡単に言えば、暇な時間が多いほど「豊かである」と考えようというのである。そして、サーリンズは、採集狩猟民こそが最も「豊かな」社会であり、近代資本主義社会よりも「豊かである」と主張する。実際マックス・ウェーバーによれば、ヨーロッパにおいても、「資本主義の精神」の到来する前にはお金を稼ぐことよりも、暇な時間をとることが優先されていたという。[2] 採集狩猟の人々は、眠る時間を削って働く日本人をかわいそうな人たちだと思うであろう。

(3)　もう一つの基準

私がエンデの人々の社会を紹介することで示したいのは、またもう一つの基準である。それは人と人とのつながりである。つながりの強い社会が豊かである、そのような基準を持つ社会が存在する、それを示したいのだ。世界銀行の貧困基準でどのように計られようと、エンデは決して貧しい社会ではない、すくなくとも彼ら自身にとって貧しい社会ではないことを示したい。

3　エンデで食べること

さて、エンデの食べることから話を始めよう。

(1)　記名性と無記名性

まず、大きな違いが日本とエンデの食事にはあることを指摘したい。あなたが食べた今日の朝食を思い出してほしい。それが、例えば、トーストとベーコンと卵焼きだったとしよう。あなたはパンの作り手、もっと遡って小麦の作り手を知っているだろうか。ベーコンの作り手、豚の飼い主、鶏の飼い主――それらの人々をあなたは知らないだろう。エンデでは、誰もが自分で食べるものに関して、それを作った人たちを知っている。

もっと一般化して、日常の身の回りの品を考えてみよう。あなたの服を作った人、原材料を作った人、机を、家を作った人を、私たちはたいていの場合知らない。このような性質を「無記名性」と呼ぼう。私たちは無記名性のモノに囲まれて生きている。日本の生活空間の無記名性に対して、エンデでは身の回りの品には、ほとんど全て名前がある。エンデの生活は「記名性」に満ちているのである。

エンデの村では、食べている食物のほとんどを誰が作ったかは誰でもが知っている。自分の身の回りの品のほとんどもまた誰が作ったか知っているのだ。

エンデの記名性の原因を、あなたはエンデ社会が自給自足だからだと考えるかもしれない。「自給自足」という言葉を厳格に考えれば、ロビンソン・クルーソーのような生活、すなわち、自分で食べるものをすべて自分で作るという生活となるだろう。社会は人々のつながりによって作られているということから考えれば、このような厳格な自給自足はどのような社会の中でも考えられない。どの社会でも交換が行われているのだ。たしかにエンデでは交換の範囲が狭く、日本の社会では交換の範囲が広いかもしれない。しかし、それは程度の問題に過ぎない。

自給自足は記名性の原因ではない。

(2)　市場経済と無記名性

実は、交換の方法にこそ無記名性と記名性をわける原因がある。

日本ではほとんどすべての交換は市場《しじょう》を通して行われる。そしてこの市場を支えるのがお金である。あなたが会社員だとしよう。あなたは生きるために、すなわち食べてゆくために、会社で仕事をする。しかし、あなたは名前のある誰かを相手に仕事をして、その人から食べるものを得ているわけではない。あなたは会社という無記名の制度を相手に仕事をし、お金を受け取り、例えば、スーパーという無記名の制度からお金を使ってパンを得ているのである。このような会社やスーパーなどの無記名性の制度が市場を構成するのである。会社の中ではあなたは名前を持った個人ではなく、営業課の課長という無記名の人間であり、スーパーでは客という、じっぱひとからげの、すなわち、無記名の人間なのだ。一枚の百円硬貨に個性はなく（記名性はなく）、どの百円硬貨も同じであるように、あなたも単なる課長であり、いつでも取り替え可能なのだ。

それではエンデでは市場経済でないどのような別の交換が行われているというのだろうか。それについて少しずつ述べてゆきたい。

(3) エンデの日々の食卓

とりあえず、エンデの食事に戻ることとしよう。日常の食事から紹介してゆきたい。

まず、動物性の食物、肉からみてゆこう。エンデでは肉はスーパーでグラムあたりでパックで売られているわけではない。そもそも店というものはエンデの村にはほとんどない。村のほとんどの世帯は犬、鶏、山羊、豚、牛を数頭ずつ飼っている。肉を食べるとはそのような動物を一頭屠ることである。それゆえ日々の食卓には（あとで述べる「ご馳走」の場以外では）鶏か、せいぜい犬が供せられることとなる。

続いて、エンデの食事のうちの植物性の食物、米、芋、野菜について紹介していこう。ほとんどのエンデの世帯が数種類の動物を飼っていることについて述べた。同じようにほとんどの世帯が畑をもっている。米・芋・野菜などはその畑から持ってくるのだ。

フローレス島は山がちの島である。ほとんど平地が存在しない。そのような斜面を開墾して、エンデの人たちは焼畑を作っていく。エンデの一年は開墾から始まり、火入れを経て、収穫そしてその後の休息の期間で終わる。一年を司る農作業はたんなる農作業ではない。それはまた多くの儀礼を含む一連の活動なのである。

焼畑は一年・二年で放置されることもあるが、たいていの世帯ではいくつかの焼畑を常畑として維持する。囲いを強固にして、中に野菜などを栽培するのである。

一日の仕事を終えると、エンデの人々は畑からその日および翌日の食事のための野菜と、煮炊きのための薪木を家に持って帰る。そして家族に食事が出されるのだ。食事時（準備してから食器を洗うまで）の客にはかならず食事が供される。人はそれを拒むことはない。

ラドゥという名前の若者がいた。私も一度か二度会ったことがある。彼は両親の家に住むことなく、村から村へと渡り歩いていた。軽度の知的障がいがあったのだと思う。エンデの人は「頭が弱い人」と表現していた。彼がやってくれば、人々は何も言わずに受け入れた。ラドゥは大喰らいで有名だったが、また力持ちであり、人の言うことはよく聞いた。彼が訪れた先の家では、さまざまな力仕事を彼に頼んだ。そして食事を彼に与えたのだ。彼が飢えることはなかったはずだ。

数年前、私がいつもの村に着いた時、隣に見慣れぬ老女が居候をしていた。隣の主人に聞くと、数週間前にやってきて、そのまま居ついているのだそうだ。知的障がいがある（エンデの人は「頭が痛い人」と表現する）のだが、特にまわりに迷惑を与えるわけではない。「いつまでいるのかな」と私が問うと、彼は「さぁね。気がむいたら出てゆくだろう」と言う。じっさい数日後に彼女は自分の息子の家に戻っていった。

エンデでは食事を与え、受け取ることは当たり前のことなのだ。

4　エンデで与えること・つながること

エンデでは（日本のような）市場経済ではないもう一つの交換があり、それが日本とエンデの大きな違いを生んでいる、と私は述べた。そして、前節の最後に食事を与え、それを受け取ることについて述べた。この与え・受け取る交換こそが、市場経済と違うもう一つの交換なのである。この交換を「贈与交換」と名付けよう。

(1)　市場経済と贈り物

贈与交換は実は日本において存在しないわけではない。社会の片隅に（人の生き死にに関係しない程度に）贈与交換は存在している。例えば誕生日プレゼント、クリスマスプレゼント、お年玉などの制度がそれである。日本の例をつかいながら、市場経済と贈与交換の違いをみてゆこう。

市場経済の例としてスーパーでの買い物を考えてみよう。あなたがスーパーで七七九円の豚肉を買ったとする。あなたはレジで一〇〇〇円を払い、その豚肉と二二一円のお釣りをもらう。当然である。一円の単位まで計算した上での貸し借りなしのきれいな関係が保たれるのだ。お釣りが少なければ、あなたは怒ってもかまわない。当然である。豚肉の色がおかしいと思えば交換してもらえばいい。当然である。人と人との関係に焦点を当ててみよう。レジ担当の方と購買者であるあなたとの関係である。この関係に何も変化はない。二人はまったくの他人であり、他人のままに終わるのだ。当然である。

贈り物を考えてみよう。あなた（仮に男性だとしよう）が好意を持っている女性に花束を贈ったとしよう。ちなみに、花屋で一五三五〇円で買った花束だ。女性は花束を受け取った。翌日彼女が思わせぶりに、リボンのかかった箱をあなたに渡す。どきどきしながら箱を開けたあなたが見たものは……

一万円札、五千円札が一枚ずつ、そして百円玉が三枚、五十円玉が一枚、全部で一五三五〇円の現金がそこに入っていたのだ。一円単位で貸し借りなしのきれいな関係が保たれていたのだ。二人は交換の前他人であり交換の後もまた他人であるのだ。

もちろん、この例は失敗した贈与交換である。贈与交換は市場経済の交換となってはならないのである。それでは成功した贈与交換とはどのようなものであろうか、それをみてゆこう。

箱の中に例えば手袋が入っていれば、あなたは喜んでいいだろう。贈与交換は成功したのである。その手袋を見て、安そうだなと思っても、あなたは怒ってはいけない。スーパーでお釣りが少ないのとは違うのだ。色が気にいらなくても受け取らなければならない。スーパーで品物を交換するわけではないのだ。

豚肉が無記名であったのに対し、手袋が記名性を持っている（彼女の名前を、人格を担っている）ことも忘れてはならない。そして、最も大事な市場経済との違いは結果的にできた人間関係である。交換の前に他人であったかもしれない二人は、いまや（少なくとも）友達となったのである。

既に述べたように日本では贈与交換はあるが、それは社会の片隅である。社会を成り立たせているのは飽くまで市場経済である。エンデは贈与交換の社会である。そこでは贈与交換こそが社会を成り立たせているのである。それはどのようにして可能なのだろうか。次の節では、エンデの贈与交換を追っていくこととする。

(2)　贈り物のやり取り

エンデの村ではさまざまな契機で人々が集まる。私が村に入ったばかりの頃、夜中、ある家に村人がほとんど全員集ったことがある。その家の女性がたいへんな難産だったのだ。村の女たちは家の中でその女性の出産を助けようと必死だった。男たちは山刀を腰にさし、家のまわりをぐるりと取り囲んだ。難産の女性を妖術師が殺しに来るのを防ぐためだ。女たちの介護、男たちの守りは一晩中続いた。翌朝無事に健康な赤ん坊が産まれた。とても感動的な一晩だったことを今でも覚えている。

それ以降も頻繁に村の人々が集まる場面に遭遇した。高い木から落ちて大怪我をしたとか、重い病気にかかったとか、さまざまな場面で人々は集まる。そして集まった人々にはかならず食事が提供される。日々の食事とはちょっと違ったご馳走が供されるのがこのような機会なのだ。

緊急時で最たる機会は人の死である。

日本のほとんどの葬式は葬儀会社がとりしきる。それはたいへんお金のかかる儀式である。そして、葬儀会社との連絡をも含め、喪主たちは忙しく立ち回る。葬儀のあと数日たってやっと死を悲しむことができたという話を、何度か聞いたことがある。

エンデでは葬式にはお金はほとんどかからない。そして葬式の間、喪主はただただ死を悼んでいる。すべては周りの人がやってきてとりしきっていくのである。エンデの葬式を紹介しよう。

たいていの場合、遠くから聞こえる大砲のような音が死の合図である。死者が出た村では、竹筒と石油を使って立て続けの大きな音を出すのだ。遠くの村々はその音で死者が出たことを知る。自分の村で死者が出た場合に最初に聞こえるのは竹筒の音ではなく、リタナンギと呼ばれる死者を悼む泣き声である。死を知った村人がその家に集まり、死者を悼むのである。

死者の家はしばらくの間は混沌とした状況である。人がひっきりなしに訪れ、死者に抱きつき、リタナンギを歌うのである。しばらくすると、ある種の活動が始まり、状況は秩序だったものへと変化する。集ってきた人々が手分けをして来たるべき葬式の準備を始めるのである。男たちは手際よく客のための場所を作り、どこからか椅子を集めてくる。数人の男たちは、竹筒と石油で知らせの音をたてる。遠い村に住む重要なシンセキに知らせるためのメッセンジャーたちが派遣される。いったん家に帰った女たちが薪木や米などを持って死者の家に戻ってくる。死者の家の豚や牛が、なければ隣近所から借りてきた豚や牛が殺される。とやかく言う者

図6-1　牛を持ってくる

はいない。動物は、いずれ適当な時に返すのだ。男たちは動物を屠り、解体にとりかかる。女たちはすでに何十人と集まっている。彼女たちは米粒の石抜きをし、ご飯の用意を始める。男たちによる肉の解体が終われば、それを調理するのは女の仕事である。

しばらくすれば他の村からシンセキが集まってくる。豚を持ってくるもの、織物を持ってくるもの、米を持ってくるもの、山羊を持ってくるもの、牛を持ってくるものがいる。客たちに食事が供される。幾つもの村から客がやってくる（図6-1）。食事はその都度供される。帰ってゆく者もいれば、そのまま残る者もいる。

残った者たちは徹夜をする。タバコや酒や食事が出される。

翌日埋葬が行われる。多くの客は埋葬の日にやってくる。彼らもまた贈り物を持ってやって来て、食事を供され、御返しの贈り物を受け取って帰ってゆく。

近親の人たちにとってこれから三日間の喪が続くことになる。彼らは三日の間さまざまな禁忌を守り、夜は徹夜するのである。村人たちや、シンセキたちは入れ替わり立ち替わり死者の家を訪れる。とりわけ村人は客というより、客（シンセキが主となる）の食事の材料を運び、料理し、饗応する側となる。客にはずっと食事が供される。四日目の真夜中から明け方にかけて死者と別れる儀礼が執り行われ、喪があけることとなる。

エンデの葬式とは、言わば、人の死を契機とした、壮大な贈り物の交換のアリーナなのである。葬式において喪主は、いわば、負債を背負うこととなる。後日、手伝ってくれた人たちが手伝いを必要とする状況になれば、彼はすぐに参上するだろう。贈り物を持ってきた人たちには何らかの機会に贈り物を持って行くことになる。このようにして贈与交換は、エンデの社会で作動しているのである。

(3) 大勢で働くこと

葬式や（ここでは述べていないが結婚式）などで贈与交換が作動するというだけでは、エンデと日本の違いがそれほどはっきりしないかもしれない。形だけとは言え葬式や結婚式には贈与が（香典、結納といった形で）関与しているからだ。この節で取り上げるのは、日々の生活の中での贈与交換である。エンデの社会の特徴として、身の回りの品が記名性に満ちていることについては既に述べた。記名性の大きな原因として私は贈与交換を挙げたが、もう一つの原因として分業の程度の小ささを挙げることができる。エンデの人々は身の周りのモノのほとんどを自分で作ることができる。大きなモノとして家を考えよう。日本で誰かが「家を建てた」と言っても、あなたはその人自身が家を建てたとは思わないだろう。日本で「ある人が家を建てる」とは彼女ないしは彼が市場経済を利用して（お金を使って）家を建てることを専門としている人を雇うこと、すなわち、「家を建ててもらう」ことを意味しているのだ。

エンデではほとんどの男性が家の建て方を知っている。多くの場合、家を建て始めてから住むまで数年かかる。自分ですこしずつ作っていくからである。ただし、いくつかの節目（定礎の時、屋根を作る時など）において大勢の人を呼んで共同作業（ソンガ）をする。以下屋根を葺く日のソンガを紹介してゆこう。

図6-2　女たちがやってくる

小さいソンガでも村の世帯すべて（せいぜい五〇ほどであるが）を呼ぶ。他の村に住むシンセキにも声をかける。作業日の前夜から村人たちや近しいシンセキが集まってくる。ある人は客として、ある人は手伝いとしてやってくる。動物が屠られ、料理の用意がされる。また翌日の作業がうまく行くように先祖へ祈り、供犠《くぎ》が捧げられる。そして客には食事が供せられるのだ。

当日、女たちは着飾ってやってくる。村人ならばたいていは贈り物である現在の家作りには必須のトタン板を頭に乗せてやってくる（図６－２）。特別な関係にあるシンセキは動物（山羊や牛、そして豚）を持ってやってくる。彼女らは贈り物を家の者あるいは手伝いの人たちに手渡し、食事を供される。そして御返しを受け取り、帰ってゆく。

図6-3　男たちは家を作る

男たちは作業着でやってくる。モノの交換は女たちが担い、男たちは労働を供与するのである。屋根を葺く作業は熟練と体力を必要とする。若い男たちは、熟練の男たちに言われるままに単純作業（釘の用意など）に従事する。熟練の男たちは屋根の上でトタン板を配置してゆく（図６－３）。

開始時間も終了時間も決められているわけではない。ゆっくりやってきて、早めに帰っても誰も文句は言わない。そればかりではない。見渡せば、かなりの人数が実際の作業をしないで休んでいる。村の世帯主には当然かなりの年輩の人もおり、彼らに実際の作業を期待するのは、とりわけ屋根に上るような作業を期待するのは無理な話である。彼らは腰をおろし、実際の作業をしている人たちに対して、役に立たないような注文をつけ、文句を言う。休んでいるのは年輩の人だけではない。半分くらいが休んでいると言っていいだろう。何人かのグループに分かれて、雑談をしている。酒がふるまわれることも稀ではない。そうなれば、ますます雑談に花が咲くことになる。

夜になれば、動物を屠り、すべてのソンガの参加者にご馳走が供される。誰がさぼった、誰が一生懸命働いたなどとあれこれ言う人はいない。

私は、エンデの村人からこんな話を聞いたことがある。「私がマレーシアに出稼ぎに行っていた時のことだ」と彼は言う。「たまたまその日の作業では日本人がボスだったんだ。こいつがとっても面白いことを言うんだ。仕事をしている時には雑談をするなってさ。」聞いている人たちは一様にびっくりしたような顔をする。彼は話を続ける――「日本人が言うには、『ちゃんと休憩時間をもうけてある。休憩時間に雑談をしろ。それ以外の時は仕事をしろ』ってさ。」この「面白い話」は聞き手にたいへん受けていた。彼らは、まるでおかしな冗談を聞いた時のように笑いころげているのだ。

この話を聞いたあなたは、「だからインドネシアは遅れているんだ」、「仕事時間に雑談したり休んでばっかりいたら、仕事が進まないだろう。合理性ということを全く考えていない」などと考えるかもしれない。そのような考え方は市場経済の考え方であり、エンデの人にとっては無縁であり、それゆえにとてつもなくおかしいのだ。

5　おわりに

この章の冒頭の議論に戻ろう。社会を計る物差しは一つだけではないのだ。市場経済に基づいた私たちの社会が持つ物差しには、「進歩」、「合理性」などの目盛りが刻みこまれているだろう。エンデの社会はそのような物差しで計るべき社会ではない。それらはエンデの社会では大事なことではないのだから。大事なことは人と人とのつながりなのだ。ソンガは仕事をする（例えば屋根を葺く）以上の目的があるのである。そこは人が集まりつながりが作られ、贈与交換が行われるそのような場なのである。合理性ゆえに村の中の年輩の男をソンガからはずすなどというのは、冗談の中でしか語られない。

エンデでは贈与交換が社会を支えている。その目的は人と人との間をつなぐことだ。知的障がいがあろうがなかろうが、人が家に来れば食事を供する。友だちが困っていればすぐにかけつけ、料理が必要ならば材料を持ってやってくる。エンデではこのようにしてつながりのある社会が作られている。

私たちはお金を物差しにしてすべてを計る。それ自体悪いことではない。文化人類学者はそのことに文句を言っているわけではない。悪いのはその物差しが世界中で通用すると勝手に思い込み、よその社会をその物差しで計ることだ。地球上のすべての社会で、お金ですべてを判断する物差しが通用するわけではない。それぞれの社会がそれぞれに「豊かさ」を追求しているのだ。文化人類学の教える文化相対主義とはそのような教えなのである。

引用文献

（1）サーリンズ・M（一九八四）．（山内昶訳）『石器時代の経済学』法政大学出版局
（2）ウェーバー・M（一九二〇）．（梶山力・大塚久雄訳）『プロテスタンティズムの倫理と資本主義の精神（上）』岩波文庫

参考図書

・中川敏（一九九二）『交換の民族誌　あるいは犬好きのための人類学入門』世界思想社

贈与交換に焦点をあてて描かれたエンデの民族誌である。この論文では触れられなかったエンデの交換の詳細なメカニズムが描かれる。

・奥田若菜（二〇一七）『貧困と連帯の人類学　ブラジルの路上市場における一方的贈与』春風社

ブラジルの路上商人たちの間のさまざまな交換が、著者の長期にわたるフィールドワークに基づいて愛情ゆたかに描かれている。

・ブロニスワフ・マリノフスキー（二〇一〇）（増田義郎訳）『西太平洋の遠洋航海者』講談社学術文庫

西太平洋の島々を舞台に展開される壮大な贈与交換、クラを描いた、近代人類学の始まりとされる民族誌である。

第７章　ヒマラヤ高所における食の変化と病
――「フィールド栄養学」研究から――

木村　友美

１　はじめに――ヒマラヤ高所と「フィールド栄養学」

富士山よりもずっと高い、標高およそ五〇〇〇メートルに暮らす人々のことを、想像したことがあるだろうか。空気中の酸素濃度は低地の半分ほどになり、樹木さえ生えない、乾燥した荒々しい高原が見渡す限り続く。このような厳しい高所環境にも、ヤクやヒツジの遊牧を営む人々の暮らしがあり、命を支える食がある。高所に暮らす人々は、一体どのように食糧を確保し、生命維持を可能にする栄養量を得ているのだろうか。

筆者は、そのようなテーマへの答えを得るため、二〇〇八年から、ヒマラヤ高所での栄養調査を行ってきた。ヒトの生活圏として最も標高が高い地域は、すなわち世界で最も食料入手の厳しい生態環境であると言える。このような地に暮らす人々の食と健康を調査することは、その対極とも言える食にあふれた現代日本に暮らす私たちにとって、食を見直すよいモデルである。さらに、先進諸国を中心に発展してきた栄養学という学問領域において、高所での食研究は新たな価値をもたらす可能性がある。

調査を開始した当初、筆者の関心は、ヒマラヤ高所の人々が、どのようにして「不足」に対応しているか、ということにあった。ところが、調査を進めると、ヒマラヤ高所にも近代化、グローバル化が急激に進みつつあり、都市部など地域によっては「過剰な食」がむしろ問題となっていることも明らかとなった。実は、このヒマラヤ高所における「過剰な食」の問題は、栄養学における全世界的な傾向である「不足から過剰への転換」と共通している。

人類の長い歴史は栄養不足との戦いであり、長い間、栄養学は「不足」への対処を中心として発展してきた。ところが、おおよそ七〇年足らずの間に、日本やその他多くの国における主要な死因は「栄養過剰」が引き起こす生活習慣病に取って代わったのである。生活習慣病には肥満や糖尿病などがあり、これらの疾患は、かつては「ぜいたく病」として一部の富裕層にみられる病気と思われていた。しかしその後、現代の日本や先進諸国だけでなく、発展途上の国々においても、栄養上の主な問題は「過剰」に変化していったのである。このような疾病構造の変化をもたらした栄養不足から栄養過剰への転換を「栄養転換」と呼ぶ。

近年になって急激な近代化とグローバル化が進むヒマラヤ高所では、今まさにリアルタイムで、「栄養転換」が生じていることが、調査の過程でわかってきた。複合的な要因による近代化と、それによる生活様式と食の変化によって、かつては無縁とされていた生活習慣病が大きな問題となっている。

このような高所において、遊牧社会、農耕社会、都市社会という、生態環境や生業の異なる地域に暮らす人々の食に関するデータを筆者は収集し、それらを比較分析することで、近代化やグローバル化の影響によって「人の食がどのように変わっているか」を示そうと試みてきた。また、既存の栄養学では推し量ることのできない「人の食」を捉えるために、食をめぐる生活や生業などについて、文化人類学的な参与調査や聞き取り調査などの手法も加え、地域に暮らす人々の食を包括的に調査しようと筆者は試み、この学問的探求方法を「フィールド栄養学」と呼んだ。こうしたフィールド調査を経て、先に述べた「不足」・「過剰」という栄養摂取量では説明しきれない、食をめぐる多様な営みが人々の心身の健康を支えていることにも気づかされた。このように、フィールドにおいて人々の食をさまざまな視点から調査・分析することで、新たにみえてくるものがある。それが「フィールド栄養学」のメリットであり、醍醐味でもある。

この章では、ヒマラヤ高所で行ってきた「フィールド栄養学」の現地調査の一端を紹介し、そこに暮らす人々の生活様式と食の変化、生活習慣病について考察する。また、変化の背景ともなっている人々の食態度（食の嗜好など）や、食を取り巻く社会の状況についても考えてみたい。

2　ヒマラヤ高所でのフィールドワーク

(1)　ラダーク地方でのメディカル・キャンプ——低酸素との戦い

総合地球環境学研究所（京都市）のプロジェクト「人の生老病死と高所環境——「高所文明」におけるる医学生理・生態・文化的適応」（通称「高所プロジェクト」、代表・奥宮清人）の一環として、ヒマラヤやアンデスの高所に住む人々の健康調査を行った。その中で、最も標高が高く過酷な調査地がインド・ラダーク地方であった。

ラダーク地方へは、まず、インドの首都デリーから空路でヒマラヤを越え、旧ラダーク王国の王都レーに入る。チベット文化が色濃く残り、海外からの観光客も多く訪れる場所だ。この中心地レーから南東に向かい、車で三～四時間ほど走って山岳道路を上り切ると、舗装道路が通じている世界一高い場所と言われるタグラン峠（標高五三六〇メートル）に至る。そこからは、樹木も生えない、荒涼としたチャンタン高原が見渡す限り広がっている。峠から一～二時間南下すると、遊牧民の伝統的な黒いテントが数十張立ち並んでいるのが遠くに見えた（図7-1）。このような場所に、本当に人が暮らしているのだということが、最初の強烈な印象だった。そ

図7-1 世界最高所に暮らす遊牧民たちのテント
ヤクの毛に含まれる油分で雨雪をしのぐことができる。

して、すぐにこのような環境で人はどのようにしたら生活できるのだろうか、という関心が湧きあがってきた。ただ、島国日本から来た研究者の身体は、酸素が半分ほどの環境で、急激な変化への適応に窮していた。

標高四九〇〇メートルに位置する遊牧民のキャンプ地が、筆者らの重要な調査フィールドの一つであった。遊牧民のテントの間に私たちもテントを張り、一九日間にわたって、レーの医療関係者（医師、検査技師、看護師ら）とともに検診・食事調査・聞き取り調査等を実施したのである。これほどの高所での「メディカル・キャンプ」ではまず、調査者である私たち自身が、厳しい環境、とくに低酸素と闘わなければならなかった。研究チームの日本人医師の一人はひどい高山病になり、緊急搬送される事態となった。急性高山病では、激しい頭痛や吐き気に襲われ、肺気腫になると命にかかわる。筆者自身は、数日間の頭痛に耐えた後、体が順応してくれたが、はじめの数日間の脈拍はほぼ一〇〇を超え、血中酸素濃度を測ると九〇％を下回っていた。こうした数値は、日本の病院ならすぐさま酸素マスクをつけられる状態である。

キャンプ地にはもちろん電気も水道も無いので風呂には入れないし、朝晩の凍える寒さの中、暖房のないテントで寝袋にくるまり、ヤクの群れがテントにぶつかる音で目覚めることも度々だった。このような場所に、毎朝、テントの中に医療機器をセットして「検査ラボ」を設営しなければならない。もちろん電気はないので、ジェネレーターによって自家発電をして、血液分析機器などを動かす。日本人研究者は、低酸素による頭痛と戦いながら、ぼーっとする頭をなんとか働かせてカルテや採血管の準備をした。朝は低温のため機器類が作動しないこともしばしばで、そんな時は機械を抱きかかえて人肌とカイロで温めた。午後になって地表面の気温が上がってくると、今度は強風と砂あらしがひどくなり、それらから医療検査機器を守ることにも気を揉んだ。このように、極高所でのメディカル・キャンプは、いくつもの困難を乗り越えながらの挑戦であった（図7-2）。

健診の後は、放牧地から戻ってきた遊牧民のテントを訪問して、家族のだんらんの場におじゃました。こうして、生活の一端を共にすることによってこそ、その暮らしを感じながら、食

図7-2　メディカルキャンプでの血液検査の様子

事と健康についてより深く理解することができた。家族だんらんをめぐる人々の絆や、叡智に満ちたお年寄りの幸福観、とりわけ、他者の幸せを第一に祈る精神に感動した。人の生活圏としては最も厳しい極限環境で生きる遊牧民の暮らしと食への興味は尽きなかった。

(2)　調査地ラダーク地方の概要

調査地のラダーク地方は、ヒマラヤの北西の端に位置し、インダス川の源流部にあたる。年間の降雨量は一〇〇ミリ余りに過ぎず、極めて乾燥した地域である。そこにはかつてラダーク王国が栄えていた。一九四八年、インドとパキスタンが分離独立すると、ラダークはインドのジャンムー・カシミール州に帰属するようになった。同州は、西部をパキスタン、北東部を中国と国境を接し、紛争地域であるため、ラダークは軍事拠点としても重要な場所とみなされた。そのため、ヒマラヤの高所にまで軍事基地とそこに人員や物資を運ぶための道路が整備され、それに伴い、インド国内の各地からの食料や日用品も流通し、市場経済が浸透するようになった。

ラダークには、主にチベット系住民であるラダーキーが暮らしている。彼らはチベット語のラダーク方言を話し、その多くはチベット仏教を信仰している。ラダークには、「チベット動乱」によってチベットから流入してきたチベット人や、カシミールや西部から来たイスラム系の人々も暮らしている。

ラダークにおける人の生活圏は、標高三〇〇〇メートル弱から五〇〇〇メートルに及ぶが、この標高差が作り出す多様な生態系を、人々は巧みに利用してきた。標高およそ四〇〇〇メートル以下の谷では、オオムギ、ソバ、豆類などの農耕を行うとともに、ヤクとウシ、またその交雑種を飼う農牧複合を行ってきた。農耕ができない寒冷な高原では、ヤク、ヒツジ、ヤギの遊牧が行われ、極限の高所にまで生活圏を拡大してきた。また、交易を行うことで、限られた資源を最大限に活用し、「豊かなコミュニティ」を形成していた。

厳しい自然と山岳景観はまた、生業（農耕牧畜）や社会における労働交換・相互扶助など、人々の共同性を高めるとともに、共通の信仰と価値観をもたらし、それがコミュニティの人々の絆と幸福の源泉となってきた。こうした「伝統文化」は、険しいヒマラヤの「自然の要塞」

によって、長い間、世界のグローバル化の波からも守られてきた。身体的・進化的視点からみても、ヒマラヤ地域は遺伝子の拡散のバリアーになっていたことが、ミトコンドリアの研究で報告されている。しかし、近年になって、その高所世界にも、グローバル化、近代化の波が急激に押し寄せ、暮らしと食に大きな変化をもたらしている。

(3) ラダークの三つの調査地域――都市、農村、高原

筆者らがラダークの中で調査地とした三つの地域の特徴について述べておこう。都市社会、農耕社会、遊牧社会の三地域を比較することで、異なる生態環境と生業を持つ地域の特性や、近代化の影響を分析することが可能になる。

(a) ラダークの中心都市――レー

ラダークの中心都市レーは、標高約三二〇〇~三六〇〇メートルに位置し、かつてからチベットとカシミールにつながる商業の中心地であった。ヒマラヤ山脈やザンスカール山脈を望める景観の素晴らしさや、チベット仏教寺院などの文化的建築物の豊かさから、夏場には多くの観光客が国内外から訪れる。そのため、中心都市のレーには二〇〇以上のホテルやゲストハウスが立ち並ぶようになり、メインバザールではチベット難民らの民芸品などの露店もにぎわっている。レーの人口は二〇〇一年に約一一万人であったが二〇一一年には約一三万七〇〇〇人

に増加しているとの報告があり、人口は流動的である。夏場の観光シーズンには出稼ぎなどにより住民が増加するが、冬場には、タグラン峠を通る南からの道路が閉鎖され、観光客も訪れないため、住民の数は大幅に減少するからである。

(b)　谷合の農村――ドムカル村

ドムカル村は、レーの町から北西に一二〇キロメートルほどの、インダス川の支流をなす小さな谷沿いに長く伸びている。谷合を占める村は三つの集落からなり、集落の標高は二九〇〇～三八〇〇メートルである。ドムカルの人々は、この標高差を利用して、オオムギやソバを栽培してきた。現在では、エンドウマメ、アンズなどの商品作物も盛んに栽培されている。また、ウシ、ヤク、そして、それらの交雑種であるゾモは、乳を搾る目的のために、土を耕す時の補助をさせるために、さらに、畜糞を肥料として利用するために飼われている。

一九九五年ごろから、都市レーからドムカル村への道路が開通し、二〇一五年には、一番上の集落まで舗装された道路が開通し、電気も通るようになった。谷合の集落には小さな商店もあり、町からの食品・菓子類や、日用品なども手に入る。都市レーまではバスがあり四時間ほどで行き来することができ、夏の観光シーズンにはレーまで農作物を売りに行く人も多い。

(c)　天空の遊牧地――チャンタン高原

ラダークの中心地レーの南東に位置するチャンタンは、標高四二〇〇メートル以上の高原である。ここは人の生活圏としては最も標高が高い地域の一つで、一年中寒く乾燥した、荒涼たる景観が広がっている。農耕はできないため、チャンタンの人々は、四六〇〇～四九〇〇メートルの高所で、一、二ヵ月ごとにキャンプ地を変え移動しながら、ヤクやヒツジ・ヤギの遊牧を営んでいる。彼らの住居は、ヤクの毛の織物を使った伝統的な黒いテントだが、近年はキャンバス地の白いテントも多くみられるようになった。チャンタンの遊牧民は「チャンパ」（チャンタン人）と呼ばれ、ラダーキーに加え、「チベット動乱」（一九五九年）の後にチベットから難民として逃れてきた遊牧民も加わっている。

チャンタン高原の遊牧地域は、世界の牧畜地域でも、とくに標高が高く寒さが厳しい地域である。それゆえに、在来品種のパシュミナ・ヤギは質の良い柔毛を産し、それを糸に紡いで織り上げられパシュミナ・ショールは、古くから交易の重要な品目であった。

多くの家畜をもつ遊牧民の現金収入は比較的多いため、最近では車やバイクを所有するようになり、町への行き来が容易になってきている。しかし、キャンプ地からの毎日の日帰り放牧や、家畜を伴うキャンプ地の季節移動は徒歩で行うため、現在も、遊牧民の運動量は相当に多いと言える。

3　ラダークの食

ラダーク地域で最もよく栽培されている穀類は大麦である。大麦は比較的高所に強く乾燥した土地でも育つため、谷合のドムカル村でも大麦は中心的な作物となっており、九月頃には大麦の段々畑が黄金色に輝く光景がみられる。

ラダーク全域で見られる特徴的な食物として、大麦を炒って粉にした「ツァンパ」（麦焦がし）がある。標高の高い地域でも栽培できる大麦は、チベット文化圏の代表な食べ物である。脱穀した大麦を炒ってから粉状にしているため長期間保存でき、粉のままでも食べることができ、さらに遊牧の際の持ち運びにも便利だ。ツァンパの粉は、バター茶と混ぜて練り団子状にして食べることが多い（図7-3）。バター茶というのは、チベット地域で日常的に飲まれているユニークな飲み物である。茶にバターと塩を加え攪拌してバターの油分を乳化させたもので、薄いミルクティーのような色になる。ツァンパを食べる時に、バター茶はかかせない。また、ツァンパをそのままヨーグルトにかけて食べることもある。香ばしさと穀類のほのかな甘みが口の中に広がる。ラダークでは、ツァンパを火にかけ加熱しながら練って作る団子状の「パバ」や、ツァンパにバター茶を多めにそそいだ粥状の「トゥキシン」など、ツァンパには食べ方が多様にある。[(3)]

大麦を発酵させて作ったお酒「チャン」は、さまざまな祭事にはかかせない飲み物であり、

図7-3 大麦を炒ってから粉にしたツァンパ（左）、団子状のパパ（右上）、バター茶（右下）。

日常的にも愛飲されている。特に、忙しい収穫シーズンでの重労働のおともにチャンが欠かせず、昼間から赤い顔をした人々に出くわすこともしばしばである。

小麦は、主に交易によって得られる重要な穀類である。チベット文化圏で特徴的なギョウザの「モモ」もその一つで、ラダークの食卓でもよくみられる。小麦粉を水で練って作った皮の中身に、細かく刻んだマトンやキャベツなどの野菜を合わせて蒸したものである。日本で食べるギョウザよりも、皮が厚めで素朴な味だ。その他、チベット風うどんの「トゥクパ」もよく食べる。野菜や肉の入ったスープとともに一緒にゆでた麺は、少しとろみがつき、寒い時期に身体を温めてくれる。このように、標高が高いラダークでも伝統的に小麦料理がみられるのは、この地で昔から交易

図7-4　ヒツジの皮に入れた乳を攪拌しバターを作る
グシャングシャンという音が、テント内に響く。

が盛んであったことを物語っている。

　最も標高の高いチャンタン高原の遊牧民の人々にとっても、ツァンパやトゥクパは、伝統的に重要な食物である。これらの主食以外に、チャンタンの人々が最もよく口にするのは、家畜からとれる乳製品である。ヒツジやヤギ、ヤクからとれるミルクから、ヨーグルトやバター、チーズを作る。乳の加工は多様で、乳製品はチャンタンの人々の暮らしに欠かせない（図７-４）。野菜の摂取量は、都市や農村と比較するとかなり少ない。それでも、量は少ないとはいえ、高原でとれる野草を乾燥させて利用するなどの工夫が見られる。

　ここで、チャンタンに暮らす遊牧民の一日の食事の具体的な例を紹介しておこう。ある男性（五二歳）の場合、毎日五〇〇頭ほどのヤギとヒツジを放牧している。その日、彼は、朝起きると、まず一杯のバター茶を飲み、朝食にコラック（ツァンパをバター茶で練って団子状にしたもの）をにぎりこぶし半分ほど食べた。昼は放牧に出かけた高原で、朝食のツァンパの残りと茹でて乾燥した羊肉を食べた。夕刻にテントに戻るとヨーグルトにツァンパの粉を混ぜたものを食べ、夕食としてテントゥク（上述のトゥクパの一種で、小麦粉を練った短い麺で、スープには干し肉と大根などのわずかな野菜が入っている）を摂った。彼の一日の摂取カロリーを算出すると一九八二キロカロリーであった。これは、中程度の身体活動度である五〇代男性の推定エネルギー必要量の二一〇〇キロカロリーに満たない。チャンタン（ヒマラヤ・チベット高所）の人々において、エネルギー消費が多いにもかかわらずエネルギー摂取量が少ないことの背景には、資源の乏しい地域への適応するために「節約遺伝子」などの働きを高めることで、エネルギーを効率よく使えるように身体的に適応したと考えられている[7]。

4　栄養摂取とエネルギー代謝

ここで、エネルギー代謝についての基本をまとめておこう。一般に、「カロリー」と呼ばれる栄養摂取量は、「エネルギー量」の単位（キロカロリー）のことである。食事によって体内に取り入れられる栄養素には、三大栄養素とよばれる炭水化物、脂質、タンパク質があり、これらは体内で酸化分解（燃焼）してエネルギーを作ることができるため、熱量素とよばれている。これらの栄養素は、摂取量一グラムあたり、炭水化物とタンパク質は四キロカロリー、脂質は九キロカロリーのエネルギー量に変換される。これをアトウォーター係数（生理学的燃焼値）と呼ぶ。例えば、ある食品に含まれる炭水化物が一〇〇グラム、タンパク質が五グラム、脂肪が一〇グラムだとすると、炭水化物一〇〇×四＝四〇〇、タンパク質五×四＝二〇、脂肪一〇×九＝九〇で、合計五一〇キロカロリーとなる。

栄養学からは、生命維持のためにどれだけのエネルギー摂取が必要かに関して、推定エネルギー必要量（エネルギーの摂取と消費の差がゼロになると推定される習慣的な一日あたりのエネルギー摂取量）が定められている。エネルギー必要量（体重一キログラムあたりのキロカロリー）は年齢・性別によって異なり、日本人のおよその必要量は、二〇歳男性で約二二五〇キロカロリー、女性で約一七〇〇キロカロリーである。これは、運動などの身体活動度が最も低いケースを想定した場合の値で、スポーツをよくする人、肉体労働の人などでは、必要エネルギー量はもっと高くなる（厚生労働省、日本人の食事摂取基準二〇一五年版に基づく）。

体内で利用されるエネルギーは、体温の維持、筋肉の収縮、体内での化学反応（物質合成）などに必要である。一日で最もエネルギーを消費するのは骨格筋で、その他の臓器のエネルギー代謝は低いレベルに抑えられている。

エネルギーに寄与する三大栄養素の他に、ビタミン、ミネラル（無機質）、食物繊維も生命維持に欠かせない重要な栄養素である。これらの栄養素も、微量ではありながら、その欠乏によってさまざまな病気を引き起こすことになる。

従来の栄養学では、このような「必要栄養量」に対する「不足」への研究が主流であり、そのために、エネルギー代謝や必要量に関する研究は蓄積され、ガイドラインもおおよそ一定の見解で統一されている。しかしながら、近年問題になっている栄養の過剰摂取とそれが引き起こす生活習慣病の問題については、未ださまざまな議論がある。

5 食事の質と量を捉える「フィールド栄養学」

(1) フィールド栄養学の手法

健康と食との関連をみるための栄養調査では、ある個人が「どんなものを＝質」を「どれだけ＝量」食べているかを明らかにすることが重要になる。フィールドでの栄養調査では、できるだけ多くの住民を対象に調査を行うことで、その地域の集団のおおよその栄養摂取の傾向を捉えることを心がけている。

食事の「質」の調査には、多様な食品摂取の習慣があるかどうかを評価するための指標である11-item Food Diversity Score Kyoto（ＦＤＳＫ-11）を用いた[5]。ＦＤＳＫ-11評価指標は、フィールドでも簡易に使えるように、筆者らが開発したものである。ＦＤＳＫ-11は、摂取が推奨される基本一一食品群において、その食品ごとの一週間の摂取頻度を問うものであり、そのスコアは、どれだけ種類の多い食材を摂取しているかを評価できる指標となる。例えば、一一点満点において、点数が高くなると、より多くの種類の食品を摂取していることを示す。先行研究から、多様な食品を食べることは、長寿と関連し、高齢者の健康度にも関わる重要な因子であると考えられている。

一方、食事の「量」の調査には、「二四時間思い出し法」[1]を用いた。これは、調査日前日の一日の栄養摂取量を面接（対面の聞き取り調査）によって推定する方法で、栄養学的な調査では世界的によく用いられる方法の一つである。本研究では、対象者に前日一日の食事内容と量を詳細に聞き取り、食品成分表と、事前に作成したラダーク料理の栄養成分データベース[3]を用いて一日の摂取栄養量の計算を行った。

「二四時間思い出し法」は、実際に個人が食べている食品を計量する秤量記録法とは異なり、得られる情報は対象者の記憶に基づいている。そのため、思い出しに間違い（誤差）が生じる場合があるが、その誤差をできるだけ減らすために、朝起きてからの時系列で、摂取食品と摂取量を詳しく聞き取った。高齢者や男性などで料理の内容物がわからないこともあるため、妻や娘などと共に確認するなどの細心の注意を払った。調理法も聞き取ることに加え、調味料の使用についても詳細な聞き取りを行うことで、栄養量の推量における誤差を減らす工夫をした。また、食べた量に関しては、現地で使われている大きさの異なる器やカップを見せたり、印刷したフードモデルを見せたりしながら、食べた量を詳細に聴取した。

さらに、文化人類学的手法を取り入れた「フィールド栄養学」の調査では、現地の人々の暮らしの中で食をみることも重要である。つまり、生活の中でいつ・どのように食事がとられているか、食糧調達から調理法まで、人々の食にまつわる背景を調査する。このフィールドワークのプロセスは、単なる栄養データ・医学データを生き生きとした人々の暮らしの物語に変えるための重要な役割を担う。家庭訪問による栄養と食の調査によって、現地の自然環境に基づく生業、日々の暮らしとその変化、家族やコミュニティの関係、経済状況、心身の健康など、食に関連するさまざまな事柄について多面的に知ることができる。

(2)　遊牧民の「食事の質」は、乏しいか——食事の「質」と幸福

ラダークでの食の多様性の調査では、先に述べた食多様性スコアFDSK-11を用いて、四〇歳以上の住民を対象に行った。都市のレーで三〇四人、農村のドムカルで二〇八人、高原のチャンタンで三〇〇人を調査した。ちなみに、日本の高知県T町在住高齢者の調査では、食多様性スコアの平均値は一〇・三であった[5]。ラダークにおける食多様性スコアの平均値は、都市レーでは六・七、ドムカル村では六・四、そして、チャンタン高原の遊牧民では六・一であった。ラダ

ークの中心都市であり、商店が充実しているレーから、遠隔地のチャンタン高原に行くにしたがって、食の多様性スコアが低下する傾向がみられた。

ＦＤＳＫ‐11のスコアが六というのは、栄養学的に摂るべきとされている一一食品群において、五食品群ほど足りていないという解釈になる。足りない食品としては、魚介類・海藻類、そして野菜類・果物類・豆類・卵などの摂取頻度が低いことが確認できた。

レーの住民の六〇％を超える人が野菜類を「ほぼ毎日食べる」と回答した。その一方、ドムカル村では野菜類を毎日食べる人は約二〇％、チャンタン高原では一〇％ほどとなっていた。チャンタンにおいては、野菜摂取頻度が週二日以下という人が約六〇％もいた。チャンタン高原では、大麦や小麦、野菜類は、主として月に二度ほどレーのメインバザールまで買いに行く。バザールまでは、車で三、四時間、馬ではほぼ丸一日かかると言う。

一方で、肉類については、チャンタン遊牧民の九〇％以上が、週に三日以上食べると答えた。チャンタン高原に暮らす人々の主食以外の食事のほとんどが家畜からの乳製品や肉類に偏っていることが明らかになった。

以上の結果からは、栄養学的にみると、チャンタンでの食の多様性は「乏しい」と言えるものであった。しかしながら、フィールド調査で聞き取りを続けているうちに、「食の豊かさ」は数値では語り尽くせないものだということを実感した。チャンタンのある高齢の女性の食にまつわる話である。彼女の息子家族はレーの街で暮らしているため、一人暮らしとなったが、親族や友人とともにチャンタンで遊牧生活を続けることを選んだ。著者には厳しい環境での遊牧生活はたいへんだろう思えるのだが、彼女は「動物に囲まれ、友人たちと共に暮らすのがなにより幸せ」と語った。都市に移住したチベット難民の高齢者から、「山では、チーズ作りやら糸つむぎやら、たくさんやることがあったが、町では何もやることがない」としばしば聞いた。遊牧生活では、お年寄りにもたくさんの役割があり、その知恵が人々にも不可欠であった。われわれの食事調査は、ヒツジやヤギの毛刈りのシーズンにあたる七月に行った。毛刈りは数家族が協力しながら行われる。そのため、「二四時間思い出し法」により「昨日食べた食事は?」と尋ねると、隣の家族もそのまた隣の家族も同じものだったということがある。共に働き共に食べる人々の間には笑顔が絶えない。彼らの「食」は本当に「乏しい」と言えるのだろうか。

日本では高知県T町における高齢者への調査から、孤食が三三%、家族と同居している高齢者でも約二〇%は一人で食べているという現状が明らかになった[6]。孤食は、うつや主観的幸福度の低さ、栄養状態の乏しさにも関連する。チャンタンの調査では、孤食のケースを一例も聞かなかった。過酷な高所に暮らすチャンタンの牧民たちは、限られた食材をさまざまに加工し、同じコミュニティに暮らす人々と共に食し、十分に食事を楽しんでいた。「栄養学的に不足」ということの意味を再考すべきではないのかと思わされてしまうほどの満たされた食事がチャンタンにはあったのである。

表7-1　性別・年齢階級別にみたエネルギー摂取量の平均値

一日のエネルギー摂取量（kcal/day）平均値					
		必要量*	レー	ドムカル	チャンタン
男性	40-49 歳	2300	—	—	2320 (N=16)
	50-69 歳	2100	2522 (N=25)	2429 (N=11)	2125 (N=15)
	70歳以上	1850	2110 (N=20)	1984 (N=4)	1761 (N=7)
女性	40-49 歳	1750	—	—	2149 (N=7)
	50-69 歳	1650	2032 (N=34)	2325 (N=14)	1988 (N=21)
	70歳以上	1450	1667 (N=19)	2226 (N=5)	1699 (N=4)

＊必要量：日本人の食事摂取基準による、年齢階層別の一日の推定エネルギー必要量を参照。ここでの数値は運動量の最も少ない場合を想定したエネルギー摂取量であり、運動量が多い場合は、男性で＋350 kcal、女性で＋250 kcal を加えたエネルギー量が推奨される必要量の目安となる。N は、各年齢・性別においてデータの有る人数を示す。（稲村・木村・奥宮（2014）（引用文献 2）より転載）

(3)「食事の量」の地域差と個人差

食事の「量」、すなわち栄養摂取量についての分析も紹介する。上述の三地域（都市レー、ドムカル村、チャンタン高原）において、「二四時間思い出し法」を用いて、摂取される栄養量の調査を行った。各地域にて、二〇〇〜三〇〇人の住民を対象にして調べた。レーでは九八人、ドムカルでは三四人、チャンタンでは七〇人から、栄養摂取量を推算するに十分なデータが得られた。その中から、体調不良の人や、思い出しが不十分だった人のデータは除外し、チャンタンでは四〇歳以上、レー、ドムカルでは五〇歳以上の住民のデータを分析に用いた。

三地域における一日のエネルギー摂取量の平均値をまとめたものを表7-1に示す[2]。一日の必要なエネルギー量は年齢によって異なるため、各地域におけるエネルギー摂取量を年齢階層・性別ごとに示している。参考として、日本における各年齢階層・性別ごとのエネルギー摂取量の必要量も示す。レーとドムカルにおいては、おおよそ一日のエネルギー摂取量が二〇〇〇キロカロリーを超え、必要量は十分摂取できていることがうかがえる。その一方で、チャンタン高原の特に女性において、摂取量が比較的少ないことがわかる。

平均値で比較すると集団のおおまかな栄養摂取の傾向がつかめるが、個人の摂取の特徴はみえなくなってしまう。そこで、一日のエネルギー摂取量の分布を年齢とともに散布図に表す[2]（図7−5）。チャンタン高原では、個人間でのエネルギー摂取量のばらつきが少ないことがわかる。また、年齢とともにエネルギー摂取量が低下する傾向がみてとれる。

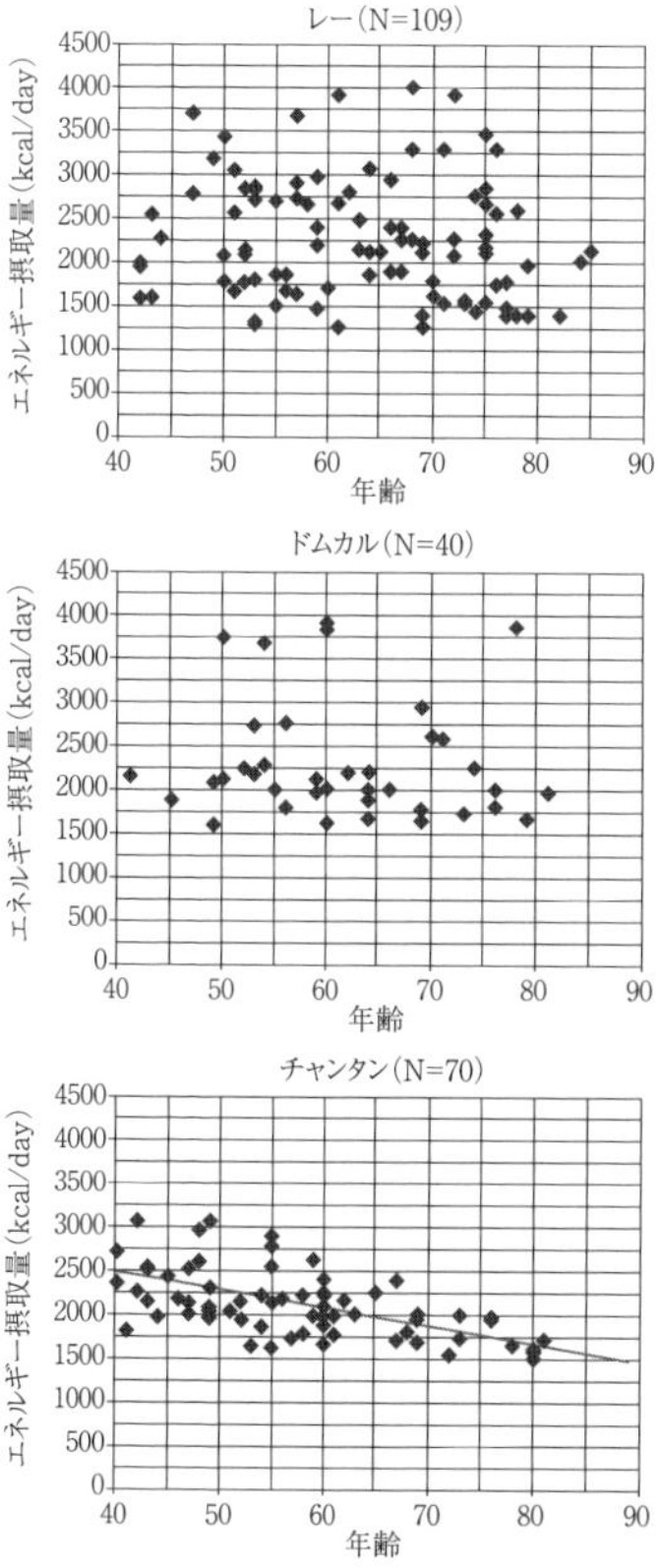

図7-5　ヒマヤラ高地における都市部レー（上）、農村部ドムカル（中）、高原部チャンタン（下）に住む人々のエネルギー摂取量と年齢との関係を表す散布図

レーやドムカルでは明確な相関関係はみられず、同じ年齢層であってもエネルギー摂取量は個人間で大きく異なることがわかる。一方、チャンタンでは、同じ年齢でのエネルギー摂取量は個人間で大きな違いはみられず、さらに、年齢が高くなるに従って、エネルギー摂取量が減少していくという関係性がみてとれる。（稲村・木村・奥宮（2014）（引用文献2）よりグラフを転載）

一般的に、摂取エネルギー量は、年齢とともに減少すると言われている。チャンタン高原のように、比較的伝統的な生活が保たれており、入手できる食品が限られ、食べ物の種類に個人ごとの違いがあらわれにくい地域では、加齢と共に摂取する栄養量が低下するという傾向が栄養データに明確にあらわれていた。一方で、都市部のレー、農村部のドムカルにおいては、エネルギー摂取量には個人差が大きいことがわかった。近代化の影響によりさまざまな食糧入手が可能になった都市部では、個人の栄養摂取を決めるのは、社会・経済的背景、家族形態、食の嗜好などに大きく依存しており、その食の選択の仕方によって、生活習慣病になる人とならない人という、健康のアウトカム（結果）の違いがあらわれてくる。

6　フィールド調査の分析――ラダークの人々の食と病、その背景

(1)　ラダークの人々の栄養摂取量と病

このような調査はたいへん労力を要するわりに、結果は単純のようにみえる。しかしながら、実際の集団におけるデータを科学的に収集・分析することは非常に重要であり、それによって、個別の事例では語りきれない集団としての傾向や、集団内部における個人差の分布などを捉えることが可能となる。

ラダークにおける健診では、各地域において四〇歳以上を対象に、肥満や糖尿病などの検査も同時に行った。その結果、ＢＭＩ（体格指数）二五以上の肥満であった人の割合は、都市レーでは二四％、ドムカル村では一八％、チャンタン高原では九％であった。さらに、経口ブドウ糖負荷試験を用いて診断した結果、レーでは三三％、ドムカルでは三〇％、チャンタンでは一七％の人々が糖尿病および境界型糖尿病（糖尿病が発症する一歩手前の状態）であることがわかった[4]。この結果から、都市部のレーと農村部のドムカルでは、筆者らの予想を超えて非常に高い生活習慣病の患者が多くいることがわかった。一方で、チャンタン高原におけるその患者の割合は低いものであった。これらの結果から、食事摂取などの生活環境の違いが、生活習慣病の患者の割合に影響を与えていることが明らかになった。

高原部チャンタンの遊牧社会と比較し、都市のレーや農村のドムカルでは、生業や経済状態などの差による食品入手の違いが顕著であり、それに加えて食の嗜好などによる個人の食選択の結果が、生活習慣病への原因の一つとして影響していると考えられる。また、道路や車の普及などによって労働量が減少していることが、もう一つの要因と考えられた。ラダーク地方の調査によって、ヒマラヤ・チベット高地においても、近年は急激な生活の変化にともない、肥満、糖尿病などの生活習慣病の増加が新しい社会問題となっていることが、はっきりと浮かびあがってきたのである[2]。

(2) 食の嗜好にみる、食生活の変化

食事調査では、現在の食の嗜好について「一番好きな食べ物はなんですか？」と問うた。すると、意外なことに、「米が好き」との回答が、チャンタン高原では二番目に多かったのである。一位は、「肉（主にマトン）」、三位は「モモ（特に、肉入りのギョウザ）」であり、チベット系の遊牧民の嗜好を象徴していた。しかし、チベット文化圏の人々にとってのアイデンティティーとも言える「ツァンパ」よりも、米への嗜好が示されたのは意外なことであった。

米の摂取の変化について、チャンタン高原に暮らす六九歳の遊牧民の男性に話を聞いた。この男性は、息子夫婦と暮らしており、今ではほぼ毎日米を食べるようになったという。彼が三〇歳くらいの頃は、一五〜二〇日に一度ほどしか米を食べていなかった。その頃は、米はラダーク地方では栽培できないため、南のヒマチャール・プラデーシュ州の低地の人々との物々交換によって手に入れていたという。大麦は、近くの農作地でもとれるため、昔はほとんど毎日大麦を食べていたそうだ。この男性も、現在の好きな食べ物は米と答えていた。

ドムカル村の谷間には大麦畑が広がっており、収穫時期には朝から晩まで収穫作業におわれる住民の姿がみられた。しかし、若い人たちが料理を作っている光景にはいつも白米のご飯があった。現地住民の中には、大麦のほうが体に良いという知識を持っている人もいる。それでも米を食べる理由は、米がおいしいと感じて好んで食べていることや、「ご飯を作ってくれる娘や孫が、米を用意するから」というケースもある。

米食が増えた最大の要因として、低地のインド平原でとれる米が、政府の補助によって安価で手に入るようになったことがある。ラダークでは、一九八〇年代から食糧援助が始まり、一九九五年ごろからの道路の開通とともに、地方の村々への米の配給が急速に浸透したという。

栄養学的にみると、生活習慣病の予防という観点からは、大麦は米よりも優れている。大麦は、精製米に比べ、食物繊維は一九倍も多く、カリウム、マグネシウム、ビタミンB群などの含有量も多い。また、血糖値を上昇させやすいかどうかを示すＧＩ値（Glycemic Index）でみると、米が八四であるのに対して、大麦は（精製具合にもよるが）五〇〜六五ほどと低い値である。ＧＩ値が高い米は、大麦よりも血糖値を上昇させる食品であるということを意味する。つまり、大麦の方が、糖尿病などの原因になりにくい食物と言えるだろう。現在のラダークにおける大麦から米へ主食の転換は、レーやドムカルにおける糖尿病などの生活習慣病の増加の一因と考えることができる。

７　おわりに

高所では、一般に食料資源が限られており、エネルギー摂取量が低い。一方、運動量が高いため、糖尿病や高血圧などの生活習慣病とは無縁の世界と考えられてきた。しかしながら、ラダーク地方におけるフィールド調査の結果、地球規模で進行する高齢化がみられるとともに、近代化やグローバル化による生活スタイルの変化によって、近年では、ヒマラヤでも生活習慣病が増加していることが明らかとなった。

食事調査の結果、ラダークでは、従来の栄養学的観点からみれば、質（食の多様性）おいて、乏しい栄養状態であることがわかった。特に、チャンタン高原では、牧畜や交易といった生業の特性と、食料入手が困難な環境であることがその理由であると考えられる。一方、都市のレーや農村のドムカルでは、栄養摂取における個人差が大きい。つまり、高地であっても、乏しい食と過剰な食とに二極化した状況があった。そして、過剰なエネルギー摂取や労働量の減少など、食と生活様式の変化に関連した生活習慣病の増加という重大な社会問題が明らかになったのである。

今まさに変化のさなかにある地域に暮らす高所住民に着目することで、国境紛争を社会背景に抱えながら、近代化・グローバル化による社会の変化と、その影響による食と生活様式の変化に基づいた生活習慣病の拡がりの過程を捉えることができた。最高所のチャンタン高原の遊牧社会と、都市部や農村部を比較することで、標高差にともなう自然環境や生業・生活・社会環境の違いや、都市化・近代化の違いについても検証することが可能となった。食と病の関係は、地域社会におけるこうした生活・社会環境との関連の中でこそ、よりよく理解することができる。海外での「フィールド栄養学」調査において「食」を探求することの醍醐味は、そのような地域社会と、そこに暮らす人々の生活や考え方、社会背景にまで迫ることができるところにある。

調査で浮かび上がった「大麦から米への主食の転換」についても、考えさせられる部分が大きい。インド政府からの支援としての配給が、結果として、好ましくない変化を引き起こしているからである。このような現状を把握した上で、今後の対策として、現地の住民に大麦の重要性を再評価してもらい、伝統的な食材の加工法の工夫による食生活の見直しを促せるように、食や健康に関する知識を現地の人々に普及したいと考えている。フィールド栄養学の研究では、問題を見つけ出すことで終わりではない。栄養学の研究では、まずは現状のより正確な理解とその分析につとめ、さらには、その結果を踏まえて人々の健康に寄与することが目標である。その成果が、地域に即した形で広く普及し、人々の健康に少しでも貢献することができたなら、また、それが少しでも日本や世界の人々の健康増進のヒントになれば、「フィールド栄養学」の研究者として最高の喜びである。

引用文献

（1）伊達ちぐさ（一九九九）：二四時間思い出し法による食事摂取量の評価．『栄養日本』四二、九‐一一
（2）稲村哲也・木村友美・奥宮清人（二〇一四）．ヒマラヤ・ラダーク地方における高所適応とその変容

（1）――生業と食を中心に」『放送大学研究年報』三二、四五-六七

（3）木村友美・福富江利子・石川元直・諏訪邦明・大塚邦明・坂本良太・他（二〇一一）「ラダークにおける基本料理の栄養成分データベースの構築」『ヒマラヤ学誌』一二、三二-三九

（4）木村友美・福富江利子・石川元直・諏訪邦明・大塚邦明・松林公蔵・他（二〇一三）「インド・ラダークにおける住民の栄養摂取量と糖尿病との関連」『ヒマラヤ学誌』一四、三九-四五

（5）Kimura, Y., Wada, T., Ishine, M., Ishimoto, Y., Kasahara, Y., Konno, A. et al.（2009）. Food diversity is closely associated with activities of daily living, depression, and quality of life in community-dwelling elderly people. *Journal of the American Geriatrics Society*, 57, 922–924.

（6）Kimura, Y., Wada, T., Okumiya, K., Ishimoto, Y., Fukutomi, E., Kasahara, Y. et al.（2012）. Eating alone among community-dwelling Japanese elderly –assciation with depression and food diversity. *The Journal of Nutrition, Health & Aging*, 16, 728–731.

（7）奥宮清人・稲村哲也・木村友美（二〇一五）「ヒマラヤ・ラダーク地方における高所適応とその変容（2）――生活習慣病を中心に」『放送大学研究年報』三二、六九-七九

参考図書

・奥宮清人・稲村哲也　編（二〇一三）『続・生老病死のエコロジー　ヒマラヤ・アンデスに生きる身体・時間・こころ』昭和堂

本章で紹介したヒマラヤ高地の食や健康に関する研究について、より詳細に紹介されている。人はなぜ高所に暮らし、どのように適応してきたのかという問いに、さまざまな分野の研究者たちの視点からせまる。

・奥宮清人（二〇一三）『高所と健康――低酸素適応と生活変化の相互作用』西村書店

長期にわたる人類の低酸素への進化的適応と、近年の生活変化によってあらわれた病、そしてそれらの相互作用の分析が紹介されており、高所住民の健康や病について知ることができる総合的な医学書である。

・山本紀夫・稲村哲也　編（二〇〇〇）『ヒマラヤの環境誌――山岳地域の自然とシェルパの世界』八坂書房

ヒマラヤ高所に暮らす遊牧民たちの食や生活が、環境を利用した農業や牧畜などの生業システムとともに詳細に描かれている。高地社会での伝統的な暮らしや生活の工夫が多く紹介される本書からは、人の文化的・生態的な高所適応を考えさせられる。

第3部

「食べる」を通じて考える

第8章 「食べる」ことになぜ作法が求められるのか
――「食べる」に関する教育人間学的考察――

岡部 美香

1 はじめに

マクドナルド、モスバーガー、ロッテリア……。どこでも構わない。あなたの好きな店であなたの好きなハンバーガーを食べているところを想像していただきたい。あなたはきっと、手づかみで、口を大きく開けて、パンも、焼いた肉も、生野菜も、チーズもすべて一気にほおばって食べていることだろう。

その時、あなたの近くのテーブルで、ある人が「食事にはフォークとナイフ（または箸）を使わないと下品だ」とか「食事中に口を大きく開けるなんてはしたない」と言ったとしたら、あなたはどう思うだろうか。「だったら、フォークとナイフ（または箸）で食べられるような別のものを食べればいいのに」、あるいは「テイクアウトをして、自分の家で好きなように食べればいいのに」と思うのではないか。少なくとも、その人の発言を聞いて心地よくなるという人はあまりいないだろう。なぜなら、その人の発言の内容は、ハンバーガーショップでハンバーガーを食べるのにふさわしい作法からは明らかにずれているからだ。

では、今度は、ミシュランガイドで三ツ星のついたレストランを訪れているとしよう。シェフに任せたコースの一品として、あなたの眼の前にハンバーガーを載せたプレートが運ばれてきたとしたら、あなたはそれをどのようにして食べるだろうか。もう少し精確に問い直そう。あなたは、何を判断の根拠として、それをどのように食べるかを決めるのだろうか。ハンバーガーという料理だから、手づかみで食べるのか、三ツ星のついたレストランという場所だから、フォークとナイフで食べるのか、それとも、他の何か、あるいは誰かのことを考慮した上で、どのように食べるかを決めるのか。

このような問いを立ててみてあらためて確認できるのは、人間にとって「食べる」という行為が生命を維持するのに必要な栄養を摂取するという以上の意味を常に含んでいる、という事実である。もちろん、たとえ食べる作法が間違っていたとしても、食べるものさえ間違わなければ、私たちは病気や死の危険にさらされることはない。また、作法に則ることなく食べるという行為自体は、法律に触れるわけでも道徳律を侵すわけでもないのだから、好き勝手なしぐさで食べたとしても、犯罪者にもならないし悪人呼ばわりされることもない。だが、そうは言っても、食事の作法にもとるなら、私たちは、食事を共にしている人々を戸惑わせてしまうだろうし、場合によっては、ひどく不快にさせてしまうかもしれない。そうなれば、私たちは恥ずかしさを覚え、どうしようもなくいたたまれない気持ちになってしまうことだろう。

だからと言って、いついかなる場合でも、食事の作法の指南書が示す通りに振る舞えば支障はないのかと言えば、これが必ずしもそうではない。例えば、一緒に食べている人が、何らかの理由で、作法に則って食べることができない状態にあるとしよう。それにもかかわらず、あなたが自分だけ最初から最後まで作法に則って食べ続け、相手に恥ずかしい、いたたまれないという思いを抱かせ続けたとしたら、あなたの作法がたとえ完璧であったとしても、いや完璧であればなおさら、あなたは野暮ないしは不躾《ぶしつけ》だとみなされることだろう。時と場合によっては、敢えて作法に反したり作法を崩したりすることが、作法をかたくなに順守するよりも洗練された品のよい行為だとみなされることもあるのだ。

では、いったい私たちは食事の作法とどのようにつきあえばよいのだろうか。その前に、そもそも、なぜ食事には作法が必要で、私たちはそれを学び身につけなければならないとされているのだろうか。これらの問いを念頭に置きながら、本章では、食事の作法が、そしてまた、その作法を学び身につけることが人間にとってどのような意味を持つのかについて考察していくことにしよう。

2　食事の作法の起源

人類学者・レヴィ＝ストロースは、南北アメリカの諸部族が語り伝える膨大な数の神話を収集して分析した『食卓作法の起源』(6)の中で、食事に関する作法の起源が人間を超えた生命に対する敬意、さらには生命をも超えた世界に対する敬意にある、と指摘している。

彼によれば、食事という行為は大きく三つの過程に分類することができる。一つは、口から摂取した食物を肛門から排泄するまでの消化の過程、もう一つは、自然の素材を加工する調理の過程、あと一つは、調理した料理を食卓で体内に摂取するまさに食べる過程である。この三つの過程それぞれについて、レヴィ＝ストロースは、神話を手がかりに、〈自然（人間の手が加わっていない）——文化（人間の手が加えられた）〉という対立軸を用いながら、それらが人間にとって持つ意味を読み解いていく。

まず、人間がその生命を維持するには、必要な栄養分を摂取し不要な成分を排出するという新陳代謝がスムーズに行われることが必要不可欠である。新陳代謝を行うには、人間の体外にある自然の素材を体内に取り込んで消化しなくてはならない。この時、自然の素材は、人間の体内に取り込まれ消化されるという過程を経ることによって、そのまま自然界にあれば生じていたであろう生の状態から腐敗へと至る自然な解体過程を中断することになる。つまり、新陳代謝とは、自然の素材をいったん体内に取り込み、消化という加工を経て体外に排出し自然に還すという点で、自然と人間との最も根源的な交流の場であると同時に、腐敗という自然の営みを人間が中断させるという点で、両者の最も原始的な対立の場でもあるのだ。

この新陳代謝を行うことによって、人間はその生命を維持する一方で、身体の内と外との境界を侵されるという危険につねにさらされることにもなる。というのも、この世界には、人間にとって消化できるものばかりではなく、消化し難いもの、消化できないもの、毒となるものも存在しているからだ。私たちは、それらを体内に取り入れることのないよう、巧みに避けなければならない。

レヴィ＝ストロースが収集した神話の中には、口や肛門がない人物、また自然の営みを逸脱して過剰ないしは性急に食物を摂取したり排泄したりする人物がさまざまなバリエーションで登場し、自然と人間との交流および対立の起源を物語っている。また、口から肛門まで中が空の葦の茎を通して、食物を消化せずにそのまま体外に排出することで、主人公が自然の悪意を回避し得たと伝える神話もある。これらの神話は、消化という過程に関わって人間が自然とうまくつきあう作法を比喩的あるいは類推的に教えてくれる。

ところで、人間は、自然の素材をいつも生の状態で体内に摂取するわけではない。レヴィ＝ストロースによれば、人間が食べるものは主に三つの状態において現れる。すなわち、生の状態、火にかけて調理した状態、そして腐った状態である。その場合、生のものが加工されていないことを、火にかけたものと腐ったものが加工していることを象徴し、他方ではまた、生のものと腐ったものが自然を、火にかけたものが文化を象徴している。とはいえ、人間の食べるものである限り、純粋に未加工なものや自然なものが存在するはずもない。生のものでも、私たちは洗ったり、皮を剥いたり、切ったり、時に味つけしたりするなど、何らかの手を加えてから食べている。したがって、食べるものの三つの状態が未加工／加工、自然／文化のいずれに属すかは、個々の社会によってそれぞれ解釈が異なっている。レヴィ＝ストロースが収集した神話の中にも、三つの状態を対立させるのでは説明できない料理が少なからず登場する。

とはいえ、数多くの社会では、火にかけたものが調理の作法の基本をなしており、なかでも「串焼きにしたもの」と「煮たもの」が対立的に語られることが多いという。その場合、前者は、何にも媒介されず直接、火にかけられるがゆえに自然の側に、後者は、文化の産物である器の中に水を入れてから火にかけられるがゆえに、すなわち器と水とによって二重に媒介されるがゆえに文化の側に属するとされる。確かに、串焼きの場合、生焼け（レア）は焼くという調理法の一種として認められているが、煮物の場合、生煮えは調理不十分とみなされ、たいていは料理として認められない。このことからも、串焼きの方が自然により近い料理だとみなされていることがうかがえる。

この対比は、しばしば比喩的ないしは象徴的な形で適用される。例えば、煮るものは容器の「内」で火にかけられるのに対して、串焼きは「外」で火にかけられる。これに応じて、煮たものを家族などの親密な小集団のための「内＝料理」、串焼きをよそ者に対して、または宴会や野営地で供される「外＝料理」として区別する作法が、かつては南北アメリカのみならず欧州においてもあったという。また、煮るものは閉じた器の中で調理されるため、煮こぼれしないように注意をすれば、肉に含まれる成分が器の外に出ていくことはない。ここから、狩りの獲物の肉は、蓋のない鍋を弱火にかけて煮汁が溢《あふ》れ出ないように煮なければならない、とする作法がいくつかの社会で生まれた。その場合、もし煮汁が溢れ出てしまうようなことがあれば、煮ている肉と同じ種類の動物がその社会の狩りの圏内から外へと逃げてしまい、狩りができなくなると言われていた。

さらに、南北アメリカのインディアンの部族には、調理した料理を食卓で食べる時に、状況に応じて、音を立てて食べてはいけないとする作法と、音を立てて食べなければならないとする作法とがあったという。前者は、人間が自然とは異なる文化的な存在であることを示す場合に、また、災害をもたらす自然から人間が文化によって身を守り、その驚異を克服することが目されている場合に採られる作法であり、後者は、人間が、自然の超人的な力の一部を取り入れ、その力と協働ないしは妥協しながらある営み――例えば妊娠や出産――を行う際に採られる作法であった。

以上のことから、レヴィ＝ストロースは、食事の作法が、ただ単に栄養摂取による生命の維持という身体の欲求に応えるだけではなく、人間がこの世界全体の自然な営みの中に組み込まれる際の特定の様式、しかも個々の社会それぞれのあり様に応じた特定の様式として生み出されたものであると主張し、それゆえ、食事の作法にはそれぞれの社会に固有の構造が反映されているのだと結論づけた。ここで注目すべきは、人間が、世界を支配する者ではなく、世界の一部として有機的に位置づけられる存在であること、さらに言えば、そのようにして世界の内に位置づけられるべき存在だと考えられていたことである。その場合、人間以外の生命あるさまざまな存在者が相互に交流ないしは対立している世界がまず先に存在し、食事の作法は、その世界の内に、その有機的な一部として、人間を無理なく組み込むための倫理的な身体技法という意味を持つ。レヴィ＝ストロースの言に即すなら、食事の作法とは、その起源においては、「人間のまえにまず生命を、生命のまえには世界を優先し、自己を愛する以前にまず他の存在に敬意を払う」[6]という仕方で、人間がこの世界を生きるための「生きる知恵」の顕れだったのである。

3　共同体内の秩序を反映する作法

さて、レヴィ＝ストロースが注目したいわゆる「未開」社会とは異なり、「文明化した」と言われる社会では、食事の作法は、人間を世界の内に組み込むというよりも、人間を世界から分離させるという方向において機能する。具体的には、人間をその他の生命ある存在者から、とりわけ動物から区別し差異化するという機能を発揮する。しかも、その場合、人間の方が動物よりも優れた存在であるとする形で差異化が行われる。ここには、文化によって自然を――人間の周囲の自然も、その内なる自然も――支配しようとする人間の「人間らしさ（＝人間の優越性）」を誇示する人間中心主義的な視角を見出すことができる。このことは、例えば、『文明化の過程』[3]の中でエリアスが述べた次の言葉にも端的に表れている。

人間が文明化の変動の過程において、自分自身の「動物的性格」と感じる一切のものをいかに排除しようとするか、……（中略）……食べ物についてもそれを人間は排除するのである。[3]

ところが、人間と動物との差異化を図るはずの食事の作法は、時代が下り作法が洗練されていくにつれて、しだいに人間どうしを差異化し、優劣の価値観によって序列化するという機能をも有するようになっていった。事実、西洋社会では、一般に、どの階級に属しているかによって、食事の作法はもちろん、立ち居振る舞いの作法、ドレスコード、話す際に使用する言葉やその発音の仕方、読む新聞や雑誌や本、休憩時間や休日・休暇の過ごし方などといった生活文化がまったく異なっている。例えば、ヘップバーン主演の『マイ・フェア・レディ』（一九六四）は、イギリス社会におけるこうした生活文化の差異を背景とするコメディ映画としてよく知られている。今日においても、多くの西洋化された社会ではいまだにそうした文化的差異が明白であるばかりか、その差異が世代を超えて再生産されることによって固定化される傾向にある。このことを告発したのは、社会学者・ブルデューであった(2)。

同じような傾向は、西洋のみならず、日本においてもかつては顕著にみられた。今でこそ属性を問わず一般的に正式な座り方とされている正座であるが、江戸時代においては基本的には武士階級の男性にしか許されないしぐさであった。このように、近世までの社会では、座り方を始め、食べ方や話し方、果ては雨を凌ぐのにどの雨具を使ってよいかに至るまで、衣食住の作法が身分やその他の属性によって厳格に定められていた。

食事の作法に関して言えば、伝統的な葬儀における作法はそうした傾向を特に顕著に示すものであった。比較的最近まで、その伝統をそのままの形で残していた地方も少なくない。例えば、多くの地方では、喪に服している最中の人が他家の人々と同火同食することは禁忌とされていた。また、死者が出たら「村ケガレ」が起きたと捉え、村中すべての家の炉の火種を消し、灰も取り換えた上で、火種を新しくして（火替えをして）あらためて煮炊きをするという地方もあった(7)。他にも、葬儀で生者が食べるものは、喪家《もけ》ではなく隣近所の台所で、血縁者ではなく講中や隣組といった特定の地縁者が、場合によっては通常の調理法とは異なる仕方で調理しなければならないなど、誰がいつ、何を、どこで、どのように調理するかから、調理したものを誰がいつ、どこで、どのように食べるかまで、葬儀における食事の作法は、極めて厳格に、また事細かに定められていた。葬儀における作法がこのように細部にわたって厳格であるのは、生者と死者との境を画す時空間である葬儀という場で、最も畏《おそ》れ忌《い》むべき死のケガレが生者に感染しないよう、とりわけ生者の体内に取り込まれることのないよう、それを祓《はら》う必要があったからである。

他方で、葬儀におけるこうした作法には、近世の身分制度やイエ制度に基づいた村落共同体の人間関係の秩序が反映されているものが多い。というのも、喪家や血縁者のみならず共同体の地縁者が総出で参加する日本の伝統的な葬儀の形態は、「近世社会における近隣組織の発達と相互扶助の慣行」の浸透によって徐々に整えられていったと言われているからである。(9) 例えば、葬儀や供養を経てイエの祖霊として祀《まつ》られる死者とそうでない死者とが、かつては明確に区別されていた。一般に前者は本仏、後者は無縁仏と呼ばれ、異なる作法で祀られるのが常であった。本仏となることができ、また本仏を祀ることができるのは、基本的にはイエの直系に連なる子孫だけであった。ただし、イエの直系に連なる人々であっても、横死や客死などをすれば、本仏として祀られないこともあったという。このように、伝統的な葬儀における作法は、生者か死者かにかかわらず、共同体に帰属するすべての人々を、共同体内の秩序に即して差異化し序列化するという機能を果たしていたのである。

総じて、「文明化した」と言われる社会における作法は、かつては、ある特定の共同体に帰属していることを共同体のメンバー全員に意識させ、共同体内の自分の位置づけをそのつど間違いのないように確認させるための「身分制ないし階層制をあらわす文化コード」という意味を持っていた[5]。食事の作法もまた例外ではなかった。

4　衰退する作法

ここまで見てきたように、かつて食事の作法は、人間と人間以外の生命ある存在者が共に生きる世界の内で、あるいは他の人々と共に生活する共同体の内で、人間が他者と交流しながら、時に対立もしながら、安全に、そして円滑に生きるための知恵であり倫理的な身体技法であった。したがって、食事の作法を学び身につけることは――もちろん、食事以外の作法も同様であるが――、一生物として生まれてきたヒトを文化的・社会的な存在である人間へと成長・成熟させ、この世界を構成する有機的な一存在として、あるいは特定の共同体を構成する有意味な一員として、他者とのさまざまな応答関係の中で生きていけるようにするための人間形成の重要な一側面だったのである。

では、今日、食事の作法は、果たしてそのような人間形成的な意味合いを持っていると言えるだろうか。

今日、私たちは、季節や場所を問うことなく、たいていの野菜や果物を近所のスーパーで手軽に手に入れることができる。ハウス栽培や保存・備蓄などの技術が開発されたおかげで、干ばつや冷害、長雨や台風などの自然災害に見舞われても、物価が高くなりこそすれ、周囲から食べるものがいっさいなくなるなどという心配をすることはほとんどない。日本の気候ではとうてい育たないような諸外国の特産物も、近年では、スマートフォンや自宅のコンピューターの画面をワンクリックするだけで、さほど時間をかけずに取り寄せることができるようになった。

肉や魚を食べるのにも、私たちは、その動物の生息圏にわざわざ出かけていく必要はない。たいていの肉や魚もまた、近所のスーパーでいつでも入手できる。しかも、すぐに調理できたり、そのまま食べたりすることができる形で手に入る。私たちは、その肉や魚が、かつて動物としてどのような姿をしてどこでどう生きていたか、そして、いつどのように屠殺されたか、あるいは絞められたか、ほとんどの場合、知ることもなければ、想像することすらもない。そもそも、私たちがふだん食べる肉や魚は、たいていが家畜や養殖ものである。野生動物のジビエや天然ものの刺身など、自然界で生きていた動物の肉や魚を食べるのは、むしろ贅沢なこととなってきている。

このように、さまざまな技術の開発と進歩によって、また流通の発達によって、私たちは、必ずしも世界の営みの自然なリズムや周期に呼応して生きる必要がなくなった。今この時にも、私たちのランダムで際限のない欲求や欲望を満たすべく、新しい技術が次々と競い合って開発されている。開発された技術は、さほど時を費やすことなく、グローバルに普及・浸透し、私たちの欲求や欲望をさらに刺激する。こうして、私たちの生活は、確かに、かつてと比べようもないほど自由になり、便利かつ快適になった。だが他方では、そのために、今や世界の営みの自然なリズムや周期そのものが崩壊しかねない状態にある（あるいは、もう崩壊してしまっているのかもしれない）。つまり、私たちは、食事の作法を通して自らをその内に有機的に組み込むはずであった世界全体の自然な営みそのものをひどく損ない、失いつつあるのである（もう損ない尽くして、失ってしまっているかもしれない）。

しかしながら、たとえ世界全体の自然な営みが崩壊しつつある、あるいはしてしまっているとしても、人間が生きていくためには食べなければならないし、そのためには基本的な食事の作法を学び身につけることが必要となる。というのも、人間は、他の動物に比べて自然な本能が大きく欠如している「欠陥存在」であるため[4]、ヒトとして生まれ落ちたまま放っておかれたら、十分に食べることができず、生命を維持することすらできないからである。私たちは、最初は、身近な人々から母乳やミルクを与えてもらうことによって、次に、何をいつ、どのように食べるのかを教えてもらうことによって、そして、成長するにつれて、人前でどう食べるか、食べる物をどう調理するか、そのための食材をどこでどのように入手するかを学ぶことによって、ようやく、一人前に食べることができ、生きていくことができるようになるのである。

だが、食事の作法の中でも、懐石料理やフルコースの料理を食べる際のいわゆるテーブルマナーとなるとどうだろう。知っていて損はないだろうが、知らないからといって、生命や生活が危うくなることはまずない。テーブルマナーを知らないままでそうした料理を食べる席についたとしても、最近では、さまざまに異なる食文化を背景に持つ客の来訪に備えて、和風の店でフォークやナイフを、洋風の店で箸を用意してくれることもしばしばある。

また、和風・洋風を問わず、会席となると、かつては席次も無視できない作法であった。ところが、すべての人間は平等であるという原理が法の下に確立され、一定程度、浸透した今日では、席次が厳格に問われるということが日常的には少なくなってきている。職場の飲み会などでは、「無礼講」と言ってくだけた振る舞いや話し方を許容してくれる上司や先輩の方が、むしろ敬愛される傾向にある。

とはいえ、職場の忘年会や新年会、結婚式の披露宴などといった公の宴会で、参加者や招待客の席次に頭を抱える人は今も少なくない。つまり、ある集団における人間どうしの序列に対する人々の関心は、まったく失われてしまったというわけではないのである。この場合、事情は少し複雑になる。というのも、平等の原理と序列への関心が共存する時、人間どうしの序列は、その人たちの属性よりも、その人たちが個々それぞれに有する能力や人格的魅力によって決定される（とみなされる）傾向が強くなるからである。つまり、年長者あるいは先輩だから無条件に敬意が払われるわけではなく、年長者あるいは先輩にふさわしい能力や人格的魅力があると認められるからこそ敬愛される（とみなされる）ようになるのである。

こうなると、年長者や先輩には、作法を逸脱した年少者や後輩を叱責することが難しくなってしまう。なぜなら、後者の人々が作法を守らないのは、作法を知らない不躾のゆえではなく、前者の人々に対して敬意を抱いていないからだ、という見たくもない事実が白日の下にさらされるかもしれないからである。他方、年少者や後輩の方も、年長者や先輩に対する敬意を示すのに、作法を守ればよいのか、あえて作法を崩す方がよいのか、つねに迷わなければならなくなった。作法を守ることにあまりに厳格であり過ぎると、かえって慇懃無礼との誤解や非難を受けないとも限らない。

以上にみてきたように、食事の作法は、今日においても、まったく不要だというわけではないし、人々の関心が払われなくなったわけでもない。しかしながら、それが人間形成的な意味を伴ってうまく機能するための諸条件が、今日の私たちの世界や社会から失われつつあるのも事実なのである。

5 日常の関係性を問い直し、編み直すための作法

食事の作法がうまく機能するための諸条件がたとえ失われつつあるとしても、私たちは、一生物である限り、やはり食べることを止めるわけにはいかない。食べるという行為を続けるならば、私たちは必然的に、食材として、あるいは調理する人や料理を給される人として、あるいはまた共に食べる人として、生命ある他の存在者や他の人々と出会い続けることになる。こ

うした他者との出会いがどうしても避けられないとするならば、むしろ、うまく機能しない作法をあえて媒介とすることによって、他者とあらためて出会ってみてはどうだろう。

　三ツ星レストランのフルコースの一品にハンバーガーが供されたという、冒頭の仮想の事例を思い出していただきたい。この場合、ハンバーガーという料理だから手づかみで食べる、あるいは三ツ星レストランという場所だからフォークとナイフで食べる、という既成の作法は、いずれもどこかずれていて、うまく適用することができない。そこで、食事の作法がうまく機能しないことにあえて乗じて、そのハンバーガーをめぐる他者とあらためて出会ってみるのである。

　そのシェフは、なぜあえてハンバーガーをこの私たちに供したのだろうか。かつての私には、ハンバーガーに何か特別な思い出があっただろうか。思い出があるのは、共に食べているその人の方か。ひょっとして、そのシェフが最初に誰かのために作った一品がハンバーガーだったのか。だとすると、そのシェフかそのレストランの歴史に何か関係があるのかもしれない。それとも、食材の方に関係するのか。その肉はどこから来たのだろう。ハンバーガーで有名な地方だろうか。その産地で、環境汚染や自然災害などといった何らかの社会問題が起きていて、その問題への関心をそのシェフはこの私たちに喚起しようとしているのだろうか……。

　このように想いをはせ、めぐらせていくと、そのうち、共に食べるその人の、あるいは調理したそのシェフの、あるいはそのレストランの、あるいはまたそのシェフが手に入れたその食材やそれを育てたその農場やその農家の主の、ハンバーガーに関わる何らかのエピソードが明らかになるかもしれない。そうすれば、そのエピソードを判断の根拠として、私たちは、ハンバーガーをどう食べればそのエピソードの主に失礼ではないのかを考えることができる。もちろん、そのようなエピソードがないとしても、そのハンバーガーをどう食べたら、今ここでこの時を共に楽しく過ごせるかについて、共に食べるその人や調理したそのシェフと語らうだけでもいい。その語らいの中で、他でもないその彼（女）らとこの私は、再び現れることのない一回限りのその時空間を共に創生することになるのだろうし、それによってまた、その彼（女）らとこの私が共にその時空間を生きていることのかけがえのない意味が充たされることにもなるだろう。

その時空間の外部に中心を持つさまざまな事情や事柄――例えば、財産や社会的地位、学歴や名声、生活状況などの個人的な事情や事柄――を入れ込むことなく、今ここに出現した、再び現れることのない一回限りのその時空間において、かけがえのないその他者との出会いを純粋に享受する。このような人と人との交流を、社会学者・ジンメルは「社交」と呼んだ[10]。ジンメルによれば、社交とは、「すべての人間が平等であるかのように、同時に、すべての人間を特別に尊敬しているかのように、人々が『行う』ところの遊戯[10]」という性質を持つ人間どうしの交流をさしている。

ここで言う社交と類似した性質を持つ行為が、かつて日本でも行われていた。その行為が行われていた時空間を、日本史家・網野は「無縁」の場と呼ぶ(1)。無縁の場の典型は、中世の市場である。中世の市場は、日常生活の秩序に則って物の交換や互酬的な贈与を繰り返しているうちに親密さを増し、時にしがらみとも感じられるようになった血縁や地縁などの関係性をいったん断ち切り、不特定の誰もが同一の作法で後腐れなく物を売り買いできる公の場であった。他にも、茶の湯を楽しむ場や――例えば、千利休と豊臣秀吉の関係を思い出していただきたい――連歌が詠まれる場など、いわゆる芸能に関わる場が無縁の場としての性格を持っていたと伝えられている(8)。

いずれにしても、その時空間の外部に中心を持つさまざまな事情や事柄、すなわち日常生活の中では考慮されるべきだとされている個人の社会的な属性や人間どうしの序列的な関係性を、その時空間に限ってはいったん「無いもの」として留保し、対等な一個人として向き合う――このような作法をもって、人間どうしが相互に交流することが許される、いや、そうしなければならないとされる場が社交の場であり、無縁の場であった。

こうした場では、次のような出来事が生じている。まず、日常生活の中で考慮するのが当たり前だとされているあまり、たとえうまく機能していなくても、その存在意義や意味、あり方があらためて問い直されることのない人と人、人と他の存在者との関係性をいったん留保する。そうして、手垢《あか》がひどくついているかもしれないその既成の関係性からいったん離脱し、それが「無いもの」として想定される場を一時的に――あるいは理念的に――出現させる。そうすると、その場では、人と人、人と他の存在者との関係性が、こうでもありうる、ああでもありうる、というように、既成のものとは異なる他の多様な可能性へと開かれていく。このように既成の関係性を他の多様な可能性へと開いた上で、今一度、あらためてその人との、あるいはその存在者との関係性をその時その場で問い直し、必要ならば編み直してみる。このような出来事が、社交の場や無縁の場では生起しているのである。

この関係性の編み直しが、果たして既成の関係性の再生となるのか、改良となるのか、単なる破壊となるのかは、その時空間に偶然にも居合わせた人や存在者の間に生じる相互行為のダイナミズムによるため、実際のところ、やってみないとわからない。したがって、この関係性の編み直しは、ある意味では、日常の安定した関係性を危うくする行為でもありうる。だが、それは、他方ではまた、うまく機能しなくなってきた既成の関係性を問い直し、自分にとって意味のあるものとしてあらためて引き受ける機会を提供してくれるものでもある。その人との、あるいはその存在者との関係性をこの私が今ここで生きるかけがえのない意味を確かめるために、時に人間はこうした関係性の問い直しと編み直しを必要とする。その場合、既成の作法をいったん留保し、それとはまた異なる作法——社交の作法あるいは無縁の場の作法——を用いることが必要となるのである。

6 おわりに

本章の冒頭で私たちがまず確認したのは、人間にとって「食べる」という行為が、生命を維持するための栄養の摂取という以上の意味を持つ、ということであった。そして、人類学、社会学、民俗学、哲学といった先行研究を手がかりにしつつ考察を進めた結果、次のことが明らかになった。すなわち、食事の作法が、かつては、生命ある他の存在者や他の人々と共に生きるのに必要な知恵であり倫理的な身体技法であったということ、また、それを学び身につけることは、一生物として生まれてきたヒトが文化的・社会的な存在たる人間となり、この世界ないしはある特定の共同体の内で他者にきちんと応答しながら生きていけるようになるための人間形成の重要な一側面だったということである。

これに加えて、前項では、社会学や歴史学といった先行研究を手がかりにして、食事の作法が持つもう一つの作用と意味が明らかになった。それは、日常的に慣れ親しんできた既成の作法では対応できない事態が生じた時に、既成の作法をいったん留保し、社交ないしは無縁の場の作法を用いて他者とあらためて出会い直し、必要に応じてその他者との関係性を編み直す、というものである。この出会い直しと関係性の編み直しを通して、私たちは、その他者とこの私が今ここで共に生きるかけがえのない意味をあらためて確認することができるのであった。

そもそも、「食べる」という行為自体は、人間に固有のものではなく、他の生命ある存在者と、中でも特に動物と共有しているものである。しかしながら、人間は、他の生物と比べて自然な本能が大きく欠如しているがゆえに、「食べる」ことに特定の作法を付さざるをえなかった。また、それに伴って、「食べる」という行為に人間独自の文化的・社会的な意味合いを付してきた。実のところ、「食べる」ことだけに限らない。人間は、「立つ」ことや「寝る」こと、そして、ヨガの呼吸法のように「息をする」ことに対してさえも、特定の作法とともに人間独自の文化的・社会的な意味合いを付してきた、極めて特異な生物なのである。だが、他方ではまた同時に、そうした人間独自のあり様が、技術開発の進展とともに、世界全体の自然なリズムと周期を崩壊させつつあることも私たちは忘れてはならない。

本章を通して見てきたように、「食べる」というごく日常的なありふれた行為であっても、それを人間科学の議論の俎《そ》上に載せるなら、つまり人間諸科学の成果を踏まえつつ考察するなら、それは、他者と共に生きる文化的・社会的存在としての人間の生のあり様を解明する重要な鍵となる。換言するなら、「食べる」ことのようなごく日常的なありふれた行為であっても、それを介して、私たちはすでに無数の他者とつながっているのであり、また世界や社会とも深く、かつ複雑に関わっているのである。そしてまた、そうした日常のありふれた行為が既成の作法ではうまく機能しなくなった時、それを契機に他者との関係性を問い直し、編み直すならば、私たちは、今ここにある既存の世界や社会とただ関わるだけではなく、そのあり様そのものを変えていく可能性にも開かれていると言えるのである。

引用文献

（1）網野善彦（一九七八）．『無縁・公界・楽 日本中世の自由と平和』平凡社
（2）ブルデュー・P（一九七九）．（石井洋二郎訳　一九九〇）．『ディスタンクシオン――社会的判断力批判〈1〉』・『ディスタンクシオン――社会的判断力批判〈2〉』藤原書店
（3）エリアス・N（一九六九）．（赤井慧爾・他訳　一九七七）．『文明化の過程（上）ヨーロッパ上流階層の風俗の変遷』法政大学出版局
（4）ゲーレン・A（一九四〇）．（平野具男訳　一九八五）．『人間――その本性および世界における位置』法政大学出版局
（5）井上忠司（一九九九）．食事作法の文化心理．石毛直道（監修）『講座 食の文化5 食の情報化』三一五‐三三三　味の素食の文化センター
（6）レヴィ＝ストロース・C（一九六六）．（渡辺公三・他訳　二〇〇七）『食卓作法の起源　神話論理Ⅲ』みすず書房
（7）波平恵美子（二〇〇九）．『ケガレ』講談社
（8）岡部美香（二〇一四）．マナーと礼儀作法による「公共の場」の創生．矢野智司（編著）『マナーと作法の人間学』一三〇‐一六一、東信堂
（9）新谷尚紀（一九九八）．死と葬送　赤田光男・福田アジオ（編）『講座 日本の民俗学6 時間の民俗』二五七‐二七〇　雄山閣出版
（10）ジンメル・G（一九一七）．（清水幾太郎訳　一九七九）．『社会学の根本問題』岩波書店

参考図書

・矢野智司 編著（二〇一四）『マナーと作法の人間学』東信堂

一般に、慣習や伝統として人間の生の自由なあり様を規制すると考えられているマナーと礼儀作法。これらに教育人間学的な考察を加え、人間の生のあり様を多様に切り拓くマナーと礼儀作法の新たな可能性について追求することを試みた論文集。

・石毛直道 監修（一九九八、一九九九）『講座 食の文化』全七巻、味の素食の文化センター

農学・栄養学等の自然科学のみならず、歴史学・社会学等の人文科学・社会科学における「食」の研究成果を集めた論文集。人間科学としての学際性や統合性はうかがえないが、出版から約二〇年が経った今も、人々の日常生活の中の「食」に光を当てようとしたその視角から学ぶところは大きい。

・網野善彦（一九九六）『無縁・公界・楽――日本中世の自由と平和』平凡社ライブラリー（初出は平凡社選書、一九七八年）

所有・賃貸・主従など世俗の交換関係から切り離された、アジールとしての「無縁」世界のあり様を明らかにし、日本中世史を超えて人類史の本質に迫る異彩の歴史書。その影響は、歴史学のみならず多くの学問分野に、また宮崎駿のアニメ映画「もののけ姫」の世界観にも広く及ぶ。

第9章 「食べる」ことと性
――食の哲学に関する一側面――

檜垣 立哉

1 はじめに 食べることの諸問題

食べることと哲学とには大変に強い関連がある。そのことは人間科学にもつながる主題が含まれている。

哲学とは、一般的には、高尚な理性や知的真理の探求を行うものと思われるかもしれない。しかし一面では、そしてとりわけ二〇世紀以降の哲学にとって、「身体＝からだ」のあり方は、その大きなテーマになっている。そして、「身体＝からだ」である自分というものを考える時、そこから「食べる」というテーマを切り離すことはできない。なぜならば、何も食べない身体＝からだは生き続けることができないからだ。それは食が、技術の進歩によって、さまざまな栄養サプリメントや人工栄養摂取にかわっていったとしても、やはり何らかのかたちで残るものである。

そうした「食べること」と哲学との関係には、さまざまなテーマを設定することができる。例えば、通常われわれが口にするものは、「生き物」である。そうである限り、食べることは「生きているものを殺す」ということに関わらざるをえない。そこではとりわけ、倫理学という学問分野に属する大問題がひそんでいる。ヴェジタリアンであっても、生きているものを何らかのかたちで処分していることは同様である。それは、何を殺すために食べていいのか、いけないのかという議論につながっていく。古典的に言えば、宗教上の一つのあり方に「絶食」があるというのも、食と生き物を殺すこととのつながりをどう捉えるかという人間的な思考に関連したものである（人間だけが、自ら食べずに死ぬという選択をすることができる。これは人間とは何かを考える時に、最も重要な事柄だ）。

また当然ながら、料理をどう考えるのかという主題がある。哲学や思想の世界では、二〇世紀に活躍したフランスの人類学者、レヴィ＝ストロース（一九〇八―二〇〇九）が提示した「料理の三角形」[2]と、それに関連する議論がよく知られている。その三角形は、生のもの／火にかけたもの／腐敗したものから形成されるのだが（今は料理論ではないため、さまざまな面白い話題を含むこの内容をここで扱うことはできない）、それは単なる料理の分類の議論ではない。レヴィ＝ストロースはこの三角形を、言語や神話と深くからませて、料理を「自然」と「文化」との「調停」という、人間が自然の中にあることに関わる広い枠組みから思考しているのである。「料理」とは、自然から与えられたものを、人間が文化的に変容させる典型的な事例である。しかし「言語」も、「神話」にはじまる諸思考も、自然的・生態系的な条件の中で、人間的な秩序をどう形成するのかを巡るという点で、「料理」とかさなる部分は多い。料理についてさまざまな議論をする時には、文化（とりわけ宗教上・民族上）のタブーが問題になり、ある種の文化相対主義的な、つまりは文化相互によって価値観が違うという考えによる方向性が設定されがちであるが、それだけをみていると、食の主題の拡がりをみえなくさせる可能性がある。以下に述べるように、料理の多様性やその規則を支えるタブーを考える原点は、カニバリズムの忌避＝人間は人間を食べるということの忌避にあるのだが、それは文化間の問題ではなく、自然から進化的に分離した人間が、どう文化を獲得したかにつながる主題なのである。

さて、上記のテーマを含むかたちで、現在、筆者は『食べることの哲学』(1)という本を執筆しているのだが、その書物に書き切れなかったもので、とりわけ重要な主題がある。それは食と性との連関である。

それについて、特に人間科学とのつながりを重視する方向で、ここで記述してみたい。

2 食と性 家族という媒体

食と性というこの二つのテーマには、身体＝からだという主題に深く関わっていること、そして本質的には自然的進化の産物であるのに、文化がそれらにさまざまな規則、あるいはその根底にあるタブーをかけていることなど、多くの共通点がある。そもそも、何も食べなければ個体は死ぬし、性行為がないならば集団は死滅する。身体＝からだがこの二つの、ある種の自然と文化の中間にある欲望を欠くわけにいかないことは紛れもない事実である。

さらに言えば、性が最も社会化・文化化されたシーンは「家族」においてである。そして家族の光景を形成する一つの場面が「共に食べる」ことである。逆に言えば、「孤食」や、一昔前になったが、映画『家族ゲーム』（一九八三 森田芳光監督、松田優作主演）で、全員が食卓を囲むのではなくカメラの方に向かって食事をとる有名な映像などは、近代的な家族がそのまとまりを失っていくことの象徴のように語られることがある。

また、デートの場面がどうしてレストランなのかを考えてみることも重要だ。デートは、家族をつくるための行為の一環であるが、そこでは「食べる姿をみせる」というあり方がたいてい伴い、かつ中心に置かれさえもする。食べるという場面は文化的である一方、最も「生理的」な姿を相手に晒すものである（殺した生き物を「共に」食べるのである）。さらに言えば、レストランの席やテーブルの配置は、さまざまな事情を反映している。カップルは、自分たちが「つがい」であることを示しながら、テーブルを内側に囲みこみ他者を内にいれない。家族の大机の食事はより明確である。性によって結びついた一族が、明らかに他の集団から隔絶されるように切り離され、大きなテーブルなり個室なりに案内される。それは半分公的でありつつ、私的なものでもある「カップル」「家族」のあり方をよく示している。半ば古典的なこの様式は、ファミレスなどでもほとんど踏襲されている点には注意したい。

本章では、食と性という主題に限定し、そこで進化した動物である人間が、文化という要素によって、一方では自然を覆い隠し文化の世界を作るとともに、他方では自然をつねに文化によって改造していくあり方を（これが最後のテクノロジーの主題につながる）、扱ってみたい。そして、古代から引き続き、明確な規則としては示されない原規則のような畏怖の象徴として現れる「タブー」というテーマと、さまざまな「テクノロジー」により未来へとつながる姿をみてみることで、食が「人間科学」に結びつくいくつかのポイントを哲学的に示してみたい。食と性はこの両者において、「家族」や、そこでの「共に生きること」の存立と変容に、いつも連関しているのである。

3　食と性とにおける自然と文化

まず、食と性とがかさなりあう場面からみていこう。

この両者は、大抵は「文化的」なものとみなされている。食に関しては、さまざまな制限がある。有名なのはイスラムのハラルフード、インドでの聖なる牛への扱い、また政治運動と結びつくクジラ・イルカ漁（シーシェパードによる日本の太地町への攻撃などは、映画『ザ・コーヴ』（二〇〇九）などで世に知られるものとなった）などがあり、これらは、広く取り上げられ、異文化間の騒動としてみなされがちである。Sushiがこれほどまでに世界中に広まるまでは、生魚を食べる日本人は、世界中から奇異な存在としてみられていた（Sushiは断じて日本の「寿司」――それも、江戸前と関西系の押し寿司では相当違うのだが――とは異なる。だが、文化の正常な伝播として、各地でローカル化するのは当然のことと思う）。

性に関しても同様で、これには実にさまざまな規則が伴う。おおよそ性にまつわる事象にはそれなりの規則があるが、性的表現の寛容さや、例えば（近年ＬＧＢＴに連関して広く話題になっているが）同性愛への姿勢など、時代や宗教性により、相当に異なっている。われわれが裸になり町を歩くと捕まるが（わいせつ物陳列罪）、もちろん家の中では問題がないし、外国にはヌーディストビーチとしてそれを許容する場所は数多い。

料理の規則は、さらに広く言えば、テーブルマナーに拡張される。フランス料理で重要なのは、段階が違う料理を同時にだすことはありえないということである（学生をフランスに連れていくと、頑なにメイン料理しか食べないのがいるが、段階が違う料理は集団でおなじテーブルの上にはださず、なおかつ集団は全員同一段階の食事しか提供されないので、前菜の時両者ともに困惑する）。フランス人が中華料理を食べる時も、まずスープとしてワンタンを頼み、それを下げてもらってからお口直しで麻婆豆腐を注文し、肉料理へと移る。これらが同じ食卓の上に同時に存在することはない。これは、数多くの皿を一緒に並べてどんどん食べる、アジア圏とは徹底して異なった作法である。さりとてアジア圏であっても、韓国料理の配膳と日本料理のそれとは類似しているが、韓国では器を持ち上げることはありえないし、それゆえご飯はスプーンで食べる。こうした細々とした規則は、まさにそれぞれの文化の中にあり、身体化されている。

後者の規則については、先に述べたように、性にとって一番重要な場面は実は家族関係である。近代化によって、今はどこでもヨーロッパ的な規範化が進んではいるが、家族関係の形態はそれぞれの文化で相当に異なる。婚姻のあり方を規定するもの、婚姻以前の性交渉への許容度には時代的にも相対性がある。近代以前の日本では「通い婚」形式という、男性が女性の家を「訪問する」形態が相当程度に残っていた。周知のように中韓では、結婚しても男女とも姓を変えることはない。スペインでは、父親と母親の名前を合わせた名前を作り出す。

それゆえ、単純にみればこの両者は、いずれも「文化の問題」と考えられがちである。だがそれは本当だろうか。

もちろんそれが真実である側面もある。文化や時代の規定は決して小さいものではなく、むしろわれわれが意識できる範囲のほとんどを占めているといってもよいだろう。だがこの両者は、一皮めくれば相当に危うい「薄暗い」領域とつながっていることを、哲学や人間科学の立場からは考慮に入れる必要がある。

すでに述べたように、食も性も、原則的には自然と文化の接点にあり、身体＝からだの存立や家族システムと大きく結びついている。食べることにはどうあっても、自然的な欲望と、それによる自己の身体の維持という事態がつきまとう。それゆえ、われわれは「文化」の覆いをどれだけかけたとしても、自然の「生き物」を殺して調理するという一点において、ある共通のより深い「覆い」を持っている。性についても事情はパラレルである。人間の性的な欲望は、もちろんさまざまな文化によって、抑圧されたり刺激されたりしている。時代や場所によって「何が許されるか」は確かに相当に異なっている。とは言いながらも、性的な欲望の核心には、やはり生き物として子孫を残すという事態がある。相当に文化的に変容されているとはいえ、それがない限り、そもそも性的な活動の中心は消えてしまう。家族とは、人間の再生産を行い共同で養う（人間は産まれて数年間は無力であり、誰かが育てないわけにはいかない）場であることには、いかに形態が変化しても変わりはない。繰り返し述べるが、それがなければ、生物としての人間はこの世から消え去るのみであるのだから。

したがって、テーブルマナーと性の規則、その根底にある忌避感としての食のタブーと性のタブーとのあいだには明確な類似性を想定せざるをえない。それはまさに、自然を調理し文化の規則をかけることであり、自然的欲望を文化的に多様化することである。

そうであるがゆえに、この二者の根底には、いかに文化的な多様性があったとしても、「原規則」のようなものが存在する。それは、さまざまな文化が持つ規則の「下限」とでも言うべきものである。

4　食と性の根源的なタブー

食にとって、そうした規則を支える根源的なタブーとは、「カニバリズム＝食人」のタブーである。カニバリズムのタブーとは、「生き物」を「殺して」食べる人間という動物にとって、決して食べてはならないものがあり、それはまさに「人間」だということである。人間は人間を食べない。逆にそれがゆえに、西洋人が野蛮人と捉えるものを示す指標は、人食い人種というものであり、それを人間の定義から排除する（もっとも、食人の習慣があるところでも、たいていは栄養摂取としてではなく、戦争などに伴う儀礼として行われるし、さらに言えば、胎盤など身体の一部を食べるということは許容されている部分がある）。

カニバリズムのタブーについては、同種の生き物を食べることを巡る生物学的な問題性が取り上げられ、合理的な説明がなされることもある。十数年ほど前に、イギリスを中心に問題になった狂牛病（BSE）や、それと類似したプリオンというタンパク質に関わるクロイツェルトヤコブ病などは、一種の「共食い」的なものが引き起こしたという説がある（狂牛病は、肉骨粉という、牛が普段食べない、牛が主原料の食材を与えたことが原因とされている）。

だが一方で、人間が人間を食べないというのは、生き物を食べることによって成り立つ食の、ある意味での文化が示す下限のルールであると言える。もちろん、カニバリズムが行われることは実際にはある。武田泰淳の小説『ひかりごけ』(5)で描かれる、戦争末期の難破船での食人の事例や、戦時中の軍隊などでやむなくカニバリズムがなされることはある（大岡昇平の小説(3)などを参照）。これらは餓死寸前で人間がとる行動として、ある意味で致し方がないが、そのことに、多くのタブーの感覚が、言ってみれば相当に人間の深い無意識が顔をみせていることは明らかである。この件については、社会学者である雑賀恵子『エコ・ロゴス』(4)に詳しいが、そこで重要であるのは、食人にはそれを禁止する「法」がない、ということである（それゆえ、先の事例も、裁判では相当に困難なことになる。殺人罪はあるが食人への罪は法体系上ないので、食人行為そのものは裁けず、死体損壊罪しか適用できない）。このことはカニバリズムの忌避が、他の生き物は食べるが自分たちは食べないという、ある種の「薄暗い」「掟」の領域そのものであることをよく示している。明確な規則はその上に成立するのである。

これに対になる性に関する「下限」とは、まさに「インセスト＝近親相姦」のタブーである。

「インセスト」について強い忌避をかけることは、家族集団を秩序化する核になる規則であり、相当に古い。もちろん人間は、場合によってカニバリズムを行うのと同様に、インセストをなすこともある。古代の天皇家やヨーロッパの王家にみられるように、政治的な権力集中のためにインセストを繰り返すことはありうる。しかしながら他方、「インセストのタブー」を持つことが、人間を動物でありながらも、何かを意識させることでそこから区分する境界であるということもよく語られる（人間がそこから進化した霊長類ではある種のインセストを回避する事例がある）。しかしながら、そこにタブーの持つある種の暗い意識や規則化の根拠があるかと言えば、かなり微妙である）。この理由についても、生物学的な説明がなされることはある。インセストを繰り返すと、特定の病気や体質の遺伝子が蓄積し、集団が弱くなることが挙げられがちである。しかし先にも述べたレヴィ＝ストロースが、構造主義という手法を人類学に適応し、交叉いとこ婚（親の異性の兄弟姉妹のいとことの婚姻）と平行いとこ婚（親の同性の兄弟姉妹との婚姻）との価値的な差異（前者は推奨され、後者は忌避される）が人類社会で相当に遍在することを示した時、このタブーは生物学的な合理性では説明できないことが証された。それは、人間が「自然」から、その動物性を残しつつ分岐するために基本的となるものでもある。

カニバリズムのタブーは、自然を「調理」する人間が不可避的に生き物を殺す（それは人間の倫理に根本的に抵触する）中で、その最低線の原則を規定するものであった。そしてインセストのタブーは、性の規範や家族性の秩序において、人間が最低線として決定する原理を示すものなのである。一般的に言えば動物はこの二つの規範の根拠を持たない。共食いは、自然の中でよくみうけられるし、認知能力がある程度以上にならなければ、インセストという概念もありえないだろう。それゆえ、この二つのタブーは、自然のなかから人間が文化とともに成立してきた重要なポイントなのであり、まさに何が人間という生き物かを探る際に無視しえないものである（まさに人間科学の「下限」でもある）。

人間が成立する過程においては、意識や言語、国家にまでいたる巨大な権力秩序の形成など、さまざまな事例が挙げられる。だが食や性といった、そもそも自然的な欲望と強く結びつき、それを欠いては自然的に生き続けられない事柄に何かのタブーを導入することは、自然的であることと人間的であることとの連関性と切断性の両面をよく表している。それが文化的な振舞いに相当に浸透された、身体＝からだの欲望に関わることはきちんと考慮すべきである。身体＝からだという存在は、その境界をなすものであり、家族とは、そうした境界こそに位置する制度であるのだから。

もちろん繰り返すが、それぞれの文化的差異は確かにある。だがそれは根源的な「タブー」という「最低線」の上でのヴァリエーションとして規則化されるものである。そしてそうした食の多様さやマナーの多様さも、人間という生物をとりまく自然環境とに依存することにも着目すべきである。

さて、カニバリズムのタブーは強く、人間という共同性に関わるものであった。インセストのタブーはもちろん家族的な人間集団の根幹にある。そしてこの二つはきわめて古く、いわば人間の条件を規定するものであった。しかしこれらの事例が、「現在」のわれわれに関連していないわけではない。食についても性についても、そしてそれをつなぐ共同性や家族についても、一種の近代化が成し遂げられた今を生きるわれわれにとってさえ、これらの事例は本当に薄暗い、心の底の無意識に宿るものであるとも言える。

だがそれらは、今後未来においてどうなるのだろうか。最後にそのことを考えてみたい。

5　食べることと性の現在から未来へ

食と性という二つの問題群は、ここまでに述べたように、人間にとって自然を生きる二つの側面として、そして文化的存在である人間が自然にどこかで覆いをかけることで自らの生を作り上げるという点で、重なり合うことが示された。人間は、自分自身が自然の産物であるのに、あえて自然を覆い、文化を作り、それを自分の根拠にする。自己の身体＝からだを成立させる「食」と、自己の身体＝からだを次世代につなげていく「性」を巡ってそうした問題はより強くあらわれる。そしてタブーとして示されるこの領域は、人間が進化してその特殊な能力である言語や法などによって示されうる規則を持った時、そもそもそこにあったものだろう。それは、いろいろな場面で、とりわけ身体＝からだに関わる部分で、現在のわれわれにも残り続けている。

　例えば、現代において、食に関する顕著な問題は、拒食や過食など、ストレスや社会不適合による異変が、身体＝からだにあらわれることだろう。拒食は、宗教的な断食（動物を殺し自らを生かすことの拒否）とは確かに異なり、身体＝からだに、人間の文化的な生活のゆがみが極端に顕在化することと思われる。拒食や過食については、もちろん臨床的な知見に基づく議論が不可欠だが、しかしそうしたストレスが、やはり自然と文化の境界線である身体＝からだにあらわれることには意味があると思われる。これが古代的な食と身体＝からだのタブーとどこかでからんでいるのではないか。拒食そのものは極めて個人的なこと、あるいは社会の中での個人のあり方に関わることと考えられがちであるだろう。臨床的にはそれで誤りではないと思う。だが事柄をより深く突き詰めると、そこでは、自分を生かすために自然を咀嚼することへの嫌悪感がみてとれないだろうか。

　これを性の領域に当てはめるならば、文明の進展とともにどこの社会でもみうけられる少子化を想起しないわけにはいかない。性的な欲望は、それが過剰に現れる時には、社会にとっても個人にとっても危険なものである（そこには多くの法の規制がかけられる）。しかし、あまりに寡少になった時に、何が生じるのかと言えば、「世代」の交代がなされないという人間存在そのものへの危機である。少子化はもちろん、社会的経済的な問題でもあり、医療的公衆衛生的な側面とも関わっている。だがその核心に、文化集団である人間としての自己否定に近い部分があることは、やはり考えるべきではないだろうか。そしてそれは、少子化の世代の性の欲望が、さまざまな媒体によって過剰化させられることと、現実世界ではそれが寡少になることを考えても、食における過食と拒食と結びついていることはやはり無視できない。もちろん、ある種の自然的無意識が、すでにこの地球上における人間のあまりの多さを感じとっているのかもしれない。そうであれば少子化はまさに正常な生物学的自己コントロールであると言えなくもない。そこからわれわれにとっての何かの未来をみてとることはできないであろうか。

食も性も、それがある種の異常としてあらわれる時に、個々の人間の問題として捉えられがちであるが、同時にそれを、自然の中での人間のありようを踏まえた上で考え直すことも、人間科学としては必要な視点である。

6　食と性の未来とテクノロジー

食と性との、現代における、そして未来につながるもう一つの大きな論点は、テクノロジーとの関連である。テクノロジーとは、広く技術のことをさすが、それは、身体や人間の自然に文化が行う介入として、そもそも食や性に深く連関してきた。だがそれが過去に比べて飛躍的な進展を遂げている現状においては、やはり過去とは異なった多様な問題が提起されている。食に関しては、この問題は、最初に述べたような「家族」という文化的な単位の解体に大きく関わっているように思われる。

そもそも食については、生き物を殺して食べるという現実がある限り、広い意味での技術ははじめから不可欠であった。人間の生活が、狩猟から農耕や牧畜に移行していったのは、食を「恒常的」に入手するためという事情が大きいだろう。それらは間違いなく自然に介入するテクノロジーの成立であり、人間は長きに及んで、こうした技術に依拠しつつ、家族を単位にしながらそれらを営んできた。

ただし、近年のさまざまなテクノロジーの発展は、こうした食のあり方に根本的な変化をもたらしている。

例えば純粋な栄養とは、人間にとって長らく入手困難なものであった。また、どれほど農耕や牧畜が発展したとしても、人間は環境の枠内で、それが提供してくれるものを調理するほかはなかった。料理を検討する時に、文化的な違いがまず思い浮かぶのは、それゆえであっただろう。

だが、近代以降の食品「製造」技術は、運送網の進展とともに、食をとりまく環境を激変させた。その一例はファストフードであるだろう。ファストフードという言葉は、スローフードに対立するものであり、とりあえずはマクドナルドのチェーン店での食品などを示すものとされる。その際、後者がローカルな地域性とそれを支える共同体に密着したものであるのに対し、前者はどこでも誰でも、速やかに必要な栄養をとりうるシステムが提供する食事を意味してもいる。その象徴が、チェーン店やコンビニの食事であるのは確かである。だが、スーパーやさまざまな食品流通の進展によって支えられるわれわれの食事を考えると、その多くは疑似的なファストフードである。それは、食がそもそも共同体や家族の中で、「共に」作り食べるものであったこと、逆にそれ以外には「恒常的」な食の獲得は困難であったことから、人間を解き放つものである。それにはもちろん、よい側面も悪い側面もあるだろう。そしてその果てにあるのは、SF的に栄養素だけをとっていればよい人間という姿に思われる。

ただし、確実なことは、ファストフードは、「食べる」という営みが自然の中で生き物を殺すことからなるという事実から、ますますわれわれを遠ざける。そして、そうした結びつきが（配送も、保存も、調理も）家族を軸に可能になっていた体制を壊していく。都市住民は、ほぼどこでも何でもいつでも食べ物を買うことができ、少し足を伸ばせば世界中のほとんどの食品を口にできる。それは、タブーという原初性とはまた別の仕方で、「殺すこと」や「環境性」と結びついているはずの「食べる」ことの現場を覆い隠すことである。

性に関しては、それ自身が家族を軸にした再生産を軸としていたことはすでに述べた。おそらく性に関する行為は、食の現場と同様に、人間の身体の生々しさを感じさせる場面であるが、それを家族制度によって制度化していたことは確かである。だが、食にもまして、身体に密接した近年の生殖のテクノロジーは、人工授精や、それに基づくさまざまな生殖形態を作り出している。今後の生命技術の進展にとってはiPS細胞などによる生殖さえ可能になるかもしれない。もちろんこれらの技術は、当初（八〇年代の試験管ベビーの時代）には子どもが産めない夫婦やカップルのためのものであった。だが、生殖技術の進展は、近年問題になっているLGBTのカップルにも多様な可能性を開いている。さらにデザインベイビー（精子バンクから、望ましい特性を選択し、自分の卵子と授精させる）、または貸し腹（自分では出産せず、受精卵を第三者の女性に産んでもらう）など、錯綜した方向に展開していっている。こうした中では、父親・母親・家族という事例が、従来の生殖によるものからはずれてしまい、親族や、知らぬ者の生殖細胞を利用したり、第三者に出産をしてもらったりすることにより、家族関係そのものが根源的に揺らいでいく。

それは、従来は性行為という、生々しいがその核心は身体＝からだの世代継続につながっていた場面を覆い隠す働きをなしているとも言える。それもまた、自然を文化で覆うタブーとは異なった仕方で、人間の欲望と身体＝からだの関係を変容させる。

この点でも、食と性の両者が類似した状況におかれていることは確かだろう。両者とも、人間の根底をなすタブーを引き継ぎながら、そしてその軸に共同体や家族を設定し、現在にいたっていた。だが、未来における食と性をここから探るならば、それはますます自然から遠ざかった人間の身体＝からだのあり方を可能にし、その条件でもあった、家族や共同性を必要としないものにさせていく。テクノロジーの未来においては、自然を人間がよりはっきりと操作し、そこで自然である身体が自然を文化的に食べることも、自然である身体の生殖が家族という仕組みにおいてなされていたことも、テクノロジーの方にひきずられることになるわけである。

7　おわりに

このことは、人間と自然との関係が、特にその焦点における身体＝からだという部分において、今後別種の領域に入っていくことを意味するだろう。それは人間の自由に対する福音なのだろうか。あるいは自然的なものが、より強固なテクノロジーに覆われ、身体＝からだがますます自然から切り離され、食と性、そしてそれをつないでいた家族や共同体というシステムが消える予兆なのだろうか。ただ言えることは、そこで人間は、さらに孤立した存在になり、食や性を営む別のかたちを探さざるをえないということである。しかしながらこうした問題は、食と性とが自然と文化の接点にあり、身体＝からだに直接関わる事例である限り無視できないことである。

まとめてみよう。

過去からみた、食と性を主題とした人間の位置を探るものはタブーであった。それは現在も、自然的な身体を持って生きているわれわれにとって、消されえない人間であることのしるしであると言える。食と性が、自然の身体に関わる境界であることは、そのさまざまなあり方を探ることで、こうした点をはっきりさせてくれるだろう。それはまさに人間科学の問いである。

そしてこうした自然の身体が、かつてないテクノロジーに影響されていく現在、われわれの自然の基盤である身体＝からだもがまったく別の姿に変わることがありえてしまう。それは一面では拒食や少子化としてあらわれるし、一面では人間そのものの共同性や家族性が、かつての姿をとらないかたちに変容することにもつながる。だが自然である身体＝からだは、食と性というあり方を捨てるわけにはいかない。それが未来にどのようなあり方をとるのか、そしてそれは人間にとって幸福なことか不幸なことか、それを問うことさえ意味をなさないのか、これを突き詰めるのもまた人間科学の問いであると思う。

いささか哲学的な話が続いたが、食や性という主題は、人間がどこまでいっても「動物」である以上、決して欠くことのできないものだと考える。何か少しでも、ここから読者のみなさんが考えを広げていただければと願っている。

引用文献

（1）檜垣立哉（二〇一八）．『食べることの哲学』世界思想社
（2）レヴィ＝ストロース他（一九六八）．（西江雅之訳・伊藤晃監訳）『レヴィ＝ストロースの世界』みすず書房
（3）大岡昇平（一九五四）．『野火』新潮文庫
（4）雑賀恵子（二〇〇八）．『エコ・ロゴス　存在と食について』人文書院
（5）武田泰淳（一九六四）．『ひかりごけ』新潮文庫

参考図書

・檜垣立哉（二〇一八）『食べることの哲学』世界思想社

料理の三角形、カニバリズム、宮沢賢治、豚のPちゃん、太地町のイルカ・クジラ漁、断食と拒食を扱いながら、食べるということから、自然的存在としての人間について考察する。

・赤坂憲雄（二〇一七）『性食考』岩波書店

東北学で有名な民俗学者の赤坂が、神話的世界を背景に食と性の関連を描く。「食べちゃいたいほどかわいいい」、という表現に込められた、生の本質をかいま見させるもの。

・松永澄夫（二〇〇三）『食を料理する　哲学的考察』東信堂

食という行為を通じて、至極日常の生を送る人間が、家族や社会に拡がるある種の共同性や秩序を形成する論理と方向性を丹念に考察したもの。

索　引

中川　敏　（なかがわ・さとし）

大阪大学大学院人間科学研究科・教授。専門は文化人類学。

〈主な業績〉

中川敏（2009）『言語ゲームが世界を創る』世界思想社

中川敏（2017）嘘の美学：異文化を理解するとはどういうことか.『社会人類学年報』43, 1-22

木村　友美　（きむら・ゆみ）

大阪大学大学院人間科学研究科・助教。専門は公衆衛生学、栄養学。

〈主な業績〉

Kimura Y, Okumiya K, Sakamoto R, et al.（2009）Comprehensive geriatric assessment of elderly highlanders in Qinghai, China IV: comparison of food diversity and its relation to health of Han and Tibetan elderly. *Geriatrics & Gerontology International*, 9, 359-365.

Kimura Y, Wada T, Okumiya K, et al.（2012）Eating alone among community-dwelling Japanese elderly: association with depression and food diversity. *Journal of Nutrition Health and Aging,* 16, 728-731.

岡部　美香　（おかべ・みか）

大阪大学大学院人間科学研究科・准教授。専門は教育人間学・教育思想史。

〈主な業績〉

岡部美香編著（2017）『子どもと教育の未来を考えるⅡ』北樹出版

岡部美香（2012）生の技法としての応答. 田中毎実編著『教育人間学――臨床と超越』東京大学出版会, 53-80

檜垣　立哉　（ひがき・たつや）

大阪大学大学院人間科学研究科・教授。専門は哲学、現代思想。

〈主な業績〉

檜垣立哉（2008）『賭博／偶然の哲学』河出書房新社

檜垣立哉（2010）『瞬間と永遠　ジル・ドゥルーズの時間論』岩波書店

八十島　安伸　（やそしま・やすのぶ）

大阪大学大学院人間科学研究科・教授。専門は行動生理学、神経科学。

〈主な業績〉

Yasoshima, Y., Shimura, T. （2015）A mouse model for binge-like sucrose overconsumption: contribution of enhanced motivation for sweetener consumption. *Physiology & Behavior*, 138, 154–164.

八十島安伸（2017）感覚・情動・学習を介した食嗜好とその脳基盤．『実験医学』35，939–944

竹田　剛　（たけだ・つよし）

神戸学院大学心理学部・実習助手。専門は臨床心理学。

〈主な業績〉

竹田剛（2012）神経性過食症患者が抱く食事を巡る問題――自己－対人関係の関連性：M-GTA による自己物語の分析．『教育心理学研究』60，249–260

竹田剛（2017）神経性過食症と自尊感情．『心身医学』57，896–901

佐々木　淳　（ささき・じゅん）

大阪大学大学院人間科学研究科・准教授。専門は臨床心理学。

〈主な業績〉

Sasaki, J., Wada, K., Tanno, Y. （2013）. Understanding Egorrhea from Cultural-Clinical Psychology. *Frontiers in Psychology*, 4: 894.

丹野義彦・石垣琢磨・毛利伊吹・佐々木淳・杉山明子（2015）『臨床心理学』（New Liberal Arts Selection）　有斐閣

渥美　公秀　（あつみ・ともひで）

大阪大学大学院人間科学研究科・教授。専門はグループ・ダイナミックス、災害社会心理学。

〈主な業績〉

渥美公秀（2014）『災害ボランティア』弘文堂

渥美公秀（2007，2010）『地震イツモノート』木楽舎・ポプラ文庫

大阪大学大学院人間科学研究科
「シリーズ人間科学」編集委員会（五十音順）

渥美　公秀（あつみ・ともひで）　大学院人間科学研究科・教授

河森　正人（かわもり・まさと）　大学院人間科学研究科・教授

白川　千尋（しらかわ・ちひろ）　大学院人間科学研究科・教授（委員会副委員長）

中澤　　渉（なかざわ・わたる）　大学院人間科学研究科・准教授

中道　正之（なかみち・まさゆき）大学院人間科学研究科・教授（委員会委員長）

入戸野　宏（にっとの・ひろし）　大学院人間科学研究科・教授

野村　晴夫（のむら・はるお）　大学院人間科学研究科・准教授

山中　浩司（やまなか・ひろし）　大学院人間科学研究科・教授

執筆者紹介（執筆順）

清水（加藤）　真由子　（しみず(かとう)・まゆこ）

大阪大学大学院人間科学研究科・助教。専門は発達心理学。

〈主な業績〉

Kato-Shimizu, M., Onishi, K., Kanazawa, T., Hinobayashi, T.（2013）Preschool children's behavioral tendency toward social indirect reciprocity. *PLoS ONE*, 8(8): e70915.

加藤真由子・大西賢治・金澤忠博・日野林俊彦・南徹弘（2012）2歳児による泣いている幼児への向社会的な反応：対人評価機能との関連性に注目して.『発達心理学研究』23, 12–22

中道　正之　（なかみち・まさゆき）

大阪大学大学院人間科学研究科・教授。専門は比較行動学、動物園行動学。

〈主な業績〉

中道正之（2007）『ゴリラの子育て日記』昭和堂

中道正之（2017）『サルの子育て　ヒトの子育て』KADOKAWA（角川新書）

編者紹介 ＊ 主な業績は執筆者紹介に記載

八十島安伸　　大阪大学大学院人間科学研究科・教授

愛知県生まれ。1995年大阪大学大学院人間科学研究科博士後期課程退学、2003年博士（人間科学）。福島県立医科大学講師、大阪大学大学院人間科学研究科准教授を経て、2017年から同教授。日本味と匂学会評議員。20年以上にわたり、ラット・マウスにおける味覚の好き嫌いの脳基盤をさまざまな研究手法を用いて探究してきた。現在、食べ過ぎや拒食などの食行動異常を生じさせ、かつ、維持させる生理基盤を解明するために、動物モデル系における行動神経科学的研究に取り組んでいる。

中道　正之　　大阪大学大学院人間科学研究科・教授

京都府生まれ。1984年大阪大学大学院人間科学研究科博士課程修了、1986年学術博士。大阪大学大学院人間科学研究科准教授を経て、2007年から同教授。2014年から2016年まで、同研究科長。2015年から日本霊長類学会会長。40年以上にわたり、野生ニホンザル集団の中で暮らすサルの顔を覚え、「誰が誰に何をしたか」を記録しながら、サルの行動発達や子育て、老いなどをテーマに研究を継続。1996年からは動物園で暮らすゴリラの観察も実施している。最近は、動物園で暮らす大型野生動物の子育てなども観察している。

シリーズ人間科学 1

食べる

発行日　2018年3月30日　初版第1刷　〔検印廃止〕

編　者　八十島 安伸・中道 正之

発行所　大阪大学出版会
代表者　三成賢次

〒565-0871
大阪府吹田市山田丘2-7　大阪大学ウエストフロント
電話：06-6877-1614（代表）　FAX：06-6877-1617
URL　http://www.osaka-up.or.jp

カバーデザイン　小川順子
印刷・製本　株式会社 遊文舎

ISBN 978-4-87259-618-2　C1330